Friedrich Wilhelm Bergmann

Strassburger Volksgespräche in ihrer Mundart

Friedrich Wilhelm Bergmann

Strassburger Volksgespräche in ihrer Mundart

ISBN/EAN: 9783743365544

Hergestellt in Europa, USA, Kanada, Australien, Japan

Cover: Foto ©Thomas Meinert / pixelio.de

Manufactured and distributed by brebook publishing software (www.brebook.com)

Friedrich Wilhelm Bergmann

Strassburger Volksgespräche in ihrer Mundart

STRASSBURGER

VOLKSGESPRÄCHE

in ihrer mundart vorgetragen

und in sprachlicher literarischer und sittengeschichtlicher hinsicht erläutert

von

Dʳ FRIEDRICH WILH. BERGMANN

Professor an der Universität Strassburg.

> Lasset nun auch die kleinen zu uns kommen und
> wehret ihnen nicht. Die grossen mögen vorderhand
> etwas zurücke treten.

———————

STRASSBURG

VERLAG VON KARL J. TRÜBNER.

1873

STRASSBURG, DRUCK VON G. FISCHBACH.

Dem

glorreichen andenken

der alten freien reichsstadt Strassburg

die unterm schwur des briefs und gerichts von 1482

wohlstand macht und ruhm genoss

sitte recht und mässigung übte

und der welt das muster gab

von einem wahren edlen und tüchtigen

gemeinwesen.

INHALT

II Inhalt.

A. EINLEITUNG.

Die volksgespräche in Strassburger mundart, welche wir hier vorlegen, gehören zu einer gattung welche man gewöhnlich mit dem namen Fraubâsè-g'schbräch bezeichnet. Diese bezeichnung kommt daher weil diese gespräche, meistentheils, frauenzimmern in den mund gelegt werden, die, wegen näherer oder entfernterer verwandtschaft, sich unter einander frau basen zu nennen pflegen.

Diese gespräche sind schon, wegen des volksdialekts, sprachlich interessant. Zudem sind sie aber auch literarisch beachtungswerth, und sie verdienen, in dieser beziehung, mehr als es bisher geschehen, unsere gerechte berücksichtigung. Sie gehören zwar nicht zur eigentlichen höhern national-literatur, aber doch zu dem was man, künftighin, mit dem namen volksliteratur bezeichnen darf.

Als zeichen der zeit, dass die volksliteratur heutzutage in ihr recht einzutreten anfängt, kann man die wichtigen auf sie bezüglichen literarischen arbeiten betrachten, welche, in den letzten jahren, in allen kulturländern Europas erschienen sind[1].

Wenn solche produkte der volkslitteratur früher wenig oder gar nicht berücksichtigt worden sind, und man meistens mit vornehmer verachtung auf sie herabgeblickt hat, so liegt der

---

[1] Der sicilische literator Giuseppe Pitrè hat vor kurzem in seiner *Bibliotheca delle tradizioni popolari siciliane* einen neuen band *Studi di poesia popolari*, Palermo 1872, veröffentlicht. Von diesem jungen gelehrten kann man sagen « che senza favori e senza mercedi spende i giorni migliori della sua gioventù in onesto e paziente lavoro. »

grund darin, dass überhaupt, auf geschichtlichem gebiet, die dinge, von jeher, in hohe und niedere eingetheilt und beurtheilt wurden, die niedern aber erst allmählig und zuletzst zur geltung kommen konnten. Anfangs gilt nämlich in der geschichte dasselbe gesetz wie in der natur, in welcher nur das physisch stärkere zur herrschaft gelangt und anerkennung findet. Wir sehen daher wie auch, in der geschichte, anfangs nur macht, reichthum, hoher rang, von den menschen berücksichtigt werden; erst ganz späte gelangt auch das schwache, niedere, das unbedeutendere sogar, zu der ihm gebührenden, wiewohl mit recht untergeordneten geltung. So, zum beispiel, ist das baurenthum geschichtlich älter, und war früher allgemeiner, als der adel; aber dennoch hatte es lange zeit mühe, zu seinem rechte zu gelangen, und die politische gleichstellung des dritten standes ist ja erst durch die französische revolution anerkannt worden.

Dieselben vorurtheile und beurtheilungen herrschten, schon frühe, auch auf literarischem gebiet. Offenbar ist die prosaform älter und gewöhnlicher als die künstlichere poetische ausdrucksweise; dennoch aber finden wir anfangs, in der literaturgeschichte aller völker, nur p o e t i s c h e werke aufbewahrt; nicht als ob es neben diesen nicht auch ausgezeichnete proben von beredsamkeit in prosa gegeben hätte; aber ihre aufzeichnung wurde vernachlässigt, weil man, neben der göttersprache der poesie, muster von wohlredenheit eben noch nicht berücksichtigte, und sie noch nicht für würdig erachtete überliefert zu werden. Desgleichen befasste sich die poesie ursprünglich nur mit lobpreisung und erzählung der thaten der götter und heroen, und erst ganz späte achtete man auch auf die vorgänge des niederen alltagslebens, so dass auf den götterhymnus, auf die epopœe, und heroische tragödie erst lange nachher das volkslied, die volkserzählung, und die volksthümliche comödie zur poetischen berücksichtigung gelangten.

Poetische stoffe aus dem volksleben konnten sich jedoch indessen nur dadurch literarische anerkennung verschaffen, dass sie sich, so viel als möglich, in der form, an die höhere poesie anschlossen. So haben zuerst, bei den Griechen in Sicilien, Sophron und Theokrit, neben den bestehenden rhapsodien der heroischen epopœe, auch kleine, bisweilen dialogisirte volksscenen eingeführt, welche man k l e i n e g e m ä l d e (eidullia) nannte. Aber die darin ionisch-epischen redensarten, mit dem volksthümlichen dorismus vermischt, beweisen, beim Theokrit, dass man, selbst bei solchen stoffen, nicht der höhern epischen ausdrucksweise gänzlich entrathen zu können glaubte. Diese gedichte hingegen würden für uns viel interessanter sein, wenn sie, in form und inhalt, ganz volksthümlich gehalten wären. Später unternahm es, bei den Lateinern, Vergil, nach art des Sophron und Theokrit, in seinen Eglogen, mitunter volksscenen und volksstoffe zu bearbeiten. Aber es ist nicht zu läugnen, dass auch diese, dem höhern style angepassten, vergilischen gedichte viel natürlicher und interessanter ausgefallen wären, wenn sie eigentliche mantuanische bauerngespräche, in form und inhalt, uns vorführen würden.

Im Mittelalter, bei den romanischen völkern, machte sich die volksliteratur allmählich in den erzählungen der Trouvères geltend; und da die vulgärsprache des volks von der sprache der höhern klassen grammatisch noch nicht sehr verschieden war, so gehören diese behandlungen volksthümlicher stoffe eben so sehr der eigentlichen literatur an als der speziellen volkspoesie.

Gegen ende des Mittelalters kam in Deutschland der bürger- und handwerkerstand, besonders in den freien reichsstädten wie Strassburg, nicht allein politisch zu einer höhern sozialen stellung, sondern er gelangte auch später, durch die meistersänger, zu literarischer bedeutsamkeit. Die volkspoesie der meistersänger behandelte aber die volksthümlichen epischen stoffe immer

mehr, oder vorzugsweise, aus moralischen gesichtspunkten, und
wurde deswegen, durch die in ihnen vorherrschende didaktische,
satirische und reformirende tendenz, auch ihrerseits ebenso gut
zu sittengemälden, wie die im Alterthum mehr erzählenden
Eidullia eines Sophron oder Theokrit.

Seit dem 16. jahrhundert war der von haus aus zur satire
geneigte Strassburger, als freier reichsstädter und freund der re-
formation, mit vorliebe immer mehr zur politischen und moralischen überwachung des magistrats und der geistlichkeit hinge-
zogen, und beurtheilte schonungslos alle stände nach seinem politischen und religiösen ideale. Sebastian Brant und Fischart
haben bewiesen, wie viel und wie wenig die damalige zeit und
bildung, auf diesem sittlichen gebiete, in der poesie zu leisten
vermochte.

Im 17. und in der ersten hälfte des 18. jahrhunderts artete
die satire in Strassburg, durch die aufkommende Jesuitenpole-
mik, und in folge der tirannischen und räuberischen satrapen-
wirthschaft des königlichen Prätoren und seiner akoluthen, in
heftige pasquille aus, die criminalprocesse nach sich zogen, und
die öffentliche aufmerksamkeit und literarische thätigkeit, eine
geraume zeit, ganz in anspruch nahmen. In welchem ton der
Strassburger damals als satiriker zu sprechen verstand, zeigt
unter anderem folgendes im jahr 1778 an das rathhaus (Pfalz)
nächtlich angeklebte pasquill, worin der autor, was die sache
(die beleuchtung der strassen) betrifft, zwar unrecht hatte, aber
das elende stadtregiment, wodurch die bürgerschaft vom ehemaligen glanz und reichthum herabgekommen war, keck und
mit altem freiem reichsstädter sinn, witzig brandmarkte.

> Als unsre stadt im wohlstand sass
> Da war es finster auf der strass;
> Doch als das unglück angefangen
> Hat man laternen aufgehangen,

>Damit der arme bürgersmann
>Des nachts zum bettlen sehen kann.
>Wir brauchen die laternen nicht,
>Wir sehn das elend ohne licht[1].

Erst kurz vor ausbruch der Revolution zog sich die Strassburger satire aus der öffentlichkeit, meistens bloss auf die bürgerlichen und die häuslichen vorkommnisse, die belacht zu werden verdienten, zurück. In dieser zeit entstanden die Fraubasengespräche, die, mit unterbrechungen, und meistentheils durch nachahmung, noch sporadisch bis in unsere tage sich fortsetzen. Es wäre möglich, dass Goethe, der 1771 in unserer stadt sich aufhielt, eines oder das andere dieser ersten producte der Strassburger volksliteratur zu gesicht bekommen hätte.

Den anlass zur abfassung der Fraubasengespräche gaben meistens an sich unbedeutende stadtgeschichten und häusliche scenen, oder komische vorkommnisse, und lächerliche personalitäten, die für einige zeit zum stadtgespräch geworden waren, und die man, in dem rahmen dieser gespräche, dem spottenden publikum zum besten geben wollte.

Die verfasser solcher gespräche stammten nicht aus dem niedern ungebildeten volk, sondern waren meistens spötter aus den gebildeten klassen der magister, der advocaten, der literaten, etc., die lateinisch und hochdeutsch verstunden, und solche schwänke, satiren und spässe, aus spöttischer laune, im volksdialekt vortrugen.

Die Strassburger mundart ist, begreiflicherweise, in diesen gesprächen, bloss aus populären gründen, nicht aus sprachlichem interesse, angewandt worden.

Da diese satirischen schwänke sich meistens auf bekannte personen und familien der stadt bezogen, die von diesen öffentlichen besprechungen unangenehm berührt werden konnten, so

[1] S. Piton, *Strasbourg illustré*, II, p. 138.

hüteten sich die verfasser der gespräche, mit diesen offen her-·
vorzutreten. Die Fraubasengespräche circulirten, gleich pas-
quillen und spottschriften, nur als manuscript, ohne namen
des verfassers. Selten kamen sie in den druck; und wenn sie
ausnahmsweise gedruckt wurden, so geschah dieses, um die spu-
ren der autorschaft womöglichst zu verdecken, nicht in Strassburg selbst, sondern, wie beispiele vorliegen, in Colmar, Buchs-
weiler, Lahr. Da die autoren selten den druck veranlassten
und besorgten, so war die folge, dass die Fraubasengespräche,
nach wenigen jahren, als niemanden angehörend betrachtet wurden, und dass alsdann meistens ungeschickte schriftsetzer sie, in
ihren nebenstunden, nachlässig und fehlerhaft setzten, diese
blätter auf schlechtem papier abzogen, und in ihrer druckerei
zum verkauf ausboten. Daher kommt es, dass einerseits nur
wenige Fraubasengespräche noch übrig sind, und dass andererseits dieselben in höchst nachlässigen abdrücken vorliegen.

Vorkommnisse der art, wie sie veranlassung zu Fraubasengesprächen geworden waren, wurden später, unter der Restauration, bis in die zwanziger jahre, auch bisweilen, dramatisch,
im volksmarionettentheater (Bibbel–schbil) dem lachenden publikum vorgeführt. Komische stadt- und hausvorfälle gaben meistens die veranlassung zur abfassung solcher volksthümlichen stücke, und wurden deshalb auch als die eigentlichen, mit grösstem
gelächter aufgenommenen, glanzpunkte in denselben betrachtet.

Da, in den Fraubasengesprächen und im bibbelschbil, inhalt
und form höchst populär gehalten waren, so musste darin ebenfalls die Strassburger volkssprache ausschliesslich zur anwendung kommen. Nun hält aber die sprache mit der anschauungs-,
denk- und gefühlsweise, deren ausdruck sie ja ist, stets gleichen
schritt. Es ist sich daher nicht zu wundern, dass die Strassburger mundart, was feine bildung betrifft, geistig und esthe-
tisch eben nicht höher steht, als das volk, das sich ihrer be-

diente. Nun aber herrscht allgemein, in allen volksthümlichen
erscheinungen, das reelle, derbe, gemeine, weit über das ideale,
feine, vornehme, vor. Weil nun, demnach, in den Fraubasengesprächen der realismus den idealismus weit überwiegt, und die
poesie doch nie des idealen entrathen darf, so kann auch in
ihnen von ächt poetischer erbauung nicht wohl die rede
sein; sie können höchstens nur den literarischen genuss gewähren, den man gewöhnlich aus dem geschickten, natürlichen,
drastischen ausdruck der wahren realität entnimmt. In dieser
beziehung sind aber, in diesen populären produkten, bisweilen
glanzstellen enthalten, welche, in form und inhalt, mit den besten
bildern, im Aristophanes und Molière, zusammengestellt zu werden verdienen.

Volkspoesie kann dadurch idealisirt werden, dass man aus
dem realismus, der ihr anklebt, das gemeine, triviale, allzuderbe
vermeidet und entfernt, wie es Hebel, in seinen allemannischen
gedichten, trefflich verstanden hat. In der Strassburger volksliteratur ist dies idealisirende verfahren nicht in anwendung gekommen, und deswegen kommt auch in ihr das echt poetische
element seltener vor; so dass Idyllisches, bei dem Elsässer, öfter
in der realität als in seiner literatur, sich vorfindet. Selbst Arnold
in seinem Pfingstmontag hat das derbe und gemeine in sitte
und ausdruck nicht immer gehörig gemildert und verdeckt.

Der mangel an höherer poetischer auffassung ist auch der
grund, warum die Strassburger Fraubasengespräche, in literarischer beziehung, den gleichfalls realistischen Pariser volksdialo-
gen von Henri Monnier, und den Berliner volksscenen von Glass-
brenner, in manchen stücken, untergeordnet sind.

Die Strassburger mundart zeigt, in den Fraubasengesprächen,
zweierlei stil oder redensart, je nachdem sie von personen des
höhern bürgerstandes, oder vom niedrigeren volke gesprochen
wird. Gewisse wortformen und redensarten kommen, sammt den

bauernausdrücken, nur im munde des letzteren vor. Die mit der
literatursprache vertrauten stände sagen, zum beispiel, für könig, taback, etc., bloss allemanisch verschieden, kenich, dawack, etc.; das volk hingegen sagt kinni und duwack; so
gehören auch, zum beispiel, bitz, wertzig, etc., für bis und
wärli, etc., blos der niederen sprachweise an.

Wie viele andere dialecte, ist auch, vor allen, die Strassburger mundart heute geschichtlich zum tode verurtheilt. Die jetzige
ächte Strassburger generation hat, über dem französischen, die
sprache, wie sie noch in den Fraubasengesprächen vorkommt,
zum theil verlernt, und die nun, seit 1870, einwandernden
Deutschen werden, durch ihre eigene provinzielle mundart, die
denn doch nicht über der Strassburger steht, den von dem volk
dieser stadt noch festgehaltenen dialekt sehr beinträchtigen und
stark verändern helfen. Vielleicht schon in zwei generationen
wird die Strassburger mundart ihre speziellen ausdrücke und
redeweisen, grösstentheils, eingebüsst und aufgegeben haben.
Es ist daher für mich ein doppelter grund vorhanden, um mich
hier mit den Strassburger Fraubasengesprächen zu befassen;
einmal ein literarischer, um diesen producten ihren, wenn
auch untergeordneten, platz in der geschichte der volksliteratur anzuweisen, und dann ein sprachlicher, um proben der
Strassburger mundart, mit gehöriger genauigkeit[1], hier gleichsam zur rettung, der jetzigen und zukünftigen zeit, der reihe
nach, vorzulegen.

[1] Was die genauigkeit der transcription betrifft, so gehe ich von dem grundsatz
aus, dass die vokale und die consonanten der strassburger wörter nach der
aussprache der vokale und consonanten des rein ausgesprochenen hochdeutschen zu transscribiren sind. Da der Strassburger zum beispiel schbazirè
für spazieren ausspricht, so ist eben auch schbazirè und nicht spazire zu
schreiben. Dass das è, welches an die stelle von früherm en getreten ist, hier fast
wie ein kurzes ä lautet, braucht keinem deutsch sprechenden erst gesagt zu
werden.

B. STRASSBURGER VOLKSGESPRÄCHE.

———

I.

'sRothhüs-gschbräch.

——

Ein vertrauliches Gespräch welches beym Rothen haus gehalten worden zwischen zweyen Frau Baasen unserer Stadt Strassburg als Frau Juliana und Frau Ursula, welche wegen ihrem aufrichtigen und sittsamen Wesen bey ihrem Geschlecht in grosser Hochachtung stehen.

1. Vorwort.

Die druckblätter, welche folgendes Fraubasengespräch zuerst veröffentlichten, tragen einen in hochdeutscher sprache abgefassten titel, welcher offenbar vom autoren selbst herrührt. Dieser hochdeutsche titel, den ich im texte beibehalten, aber hier durch einen kürzeren 'sRothhüs-gschbräch ersetzt habe, beweist dass der verfasser ein literat war, der die schriftsprache las und verstand, wiewohl er, nach alter strassburger und altdeutscher art, die präposition wegen (für von wegen), statt mit dem genitif, mit dem datif construirt, und deshalb wegen ihrem wesen, unbekümmert um die jetzige grammatik, spricht und schreibt.

Der verfasser nennt das gespräch, ironisch, ein vertrauliches, weil es mitheilungen enthält, welche die frauen, nur unter dem siegel der verschwiegenheit, sich zu machen pflegen, und

weil diese mittheilungen der art sind, dass sie nicht gerade das
aufrichtige und sittsame wesen beurkunden, wesshalb
diese frauen, bei ihrem geschlecht, in grosser hochachtung stunden : mit dieser ironie zeigt also der verfasser seine spottende,
rügende tendenz an, die er in diesem gespräch befolgt hat.

Weil es sich hier um spott auf gewisse reelle personen han-
delt, so nennt sich der verfasser nicht mit namen, eben so wenig
wie die personen denen dieser spott gilt ; er bezeichnet diese
nur allgemein durch die lateinischen namen Juliana und
Ursula. Da die Strassburger Fraubasengespräche, in der regel,
von protestantischer seite ausgehen, und die vornamen Juliana
und Ursula, in den evangelischen Strassburger familien, nicht sehr
gebräuchlich waren, so sind diese vornamen offenbar fictif, aber
so gewählt dass sie die eigentlichen familiennamen der beiden
zu bezeichnenden frauen, wenigstens für den kenner, durchblicken
lassen. Es ist mir nicht unwahrscheinlich dass die namen Juliana (Schöllin?) und Ursula (Bärin) vielleicht eine frau Schöll
und eine frau Bär bezeichneten.

Das gespräch findet statt im letzten theil des vormittags, beim
Rothen haus, auf dem Baarfüsserplatz (später Baradèblatz
und noch später Klewerblatz genannt), wo noch jetzt dieser gast-
hof zum Rothen haus sich befindet.

Wenn es wahrscheinlich, dass das gespräch in den siebziger
oder achtziger jahren des vorigen jahrhunderts abgefasst worden
ist, so beweist die unter den titel beigesetzte französische
buchdruckerfirma : A Strasbourg de l'imprimerie de Lorenz et
Schuler, dass es wenigstens erst nach der Revolution, in den
neunziger jahren, zum druck gekommen ist (s. s. 6). Denn nachdem die Strassburger die schicksale Frankreichs in der Revolution
getheilt hatten, so galt es auch für einen beweis von patriotismus,
selbst in handel und gewerbe, bezeichnungen in französischer
sprache anzuwenden.

Das gespräch ist auf löschpapier, auf einem halben bogen, klein quart gedruckt, mit den altfränkischen, unästhetischen, gothischen lettern, welche viele Deutsche irrthümlich als original-deutsch betrachten,' und heute noch dem schönen lateinischen druck vorziehen, welchen alle kulturvölker Europas mit recht angenommen haben. Indessen sind auch in Deutschland die deutschesten männer, namentlich alle germanisten, bereits hierin mit besserm exempel vorangegangen.

Das blatt trägt, nach art vieler älteren drucke, keine jahreszahl. Diese in jeder beziehung in den drucken höchst tadelnswerthe auslassung, scheint aber noch nicht aus derselben absicht geschehen zu sein wie bei mehreren neuern druckschriften, wobei die verleger, um ihre bücher stets als neue ausgaben gelten lassen zu können, das druckjahr auf dem titel vorsätzlich auszulassen verordnet haben. Die jahreszahl fehlt hier blos aus nachlässigkeit; so wie ja überhaupt dies blatt durch die fehlerhafte transcription der Strassburger mundart, und die schlechte correktur beweist, dass der druck nicht durch einen gebildeten autoren, sondern von einem ungebildeten schriftsetzer oder druckergesellen veranstaltet worden ist. Es müsste denn sein dass der verfasser durch diese vorsätzliche nachlässigkeit seine person verbergen wollte (s. s. 6).

---

2. Text.

Ein vertrauliches Gespräch welches beym Rothen haus gehalten worden zwischen zweyen Frau Baasen unserer stadt Strassburg als Frau Juliana und Frau Ursula, welche wegen ihrem aufrichtigen und sittsamen Wesen bey ihrem Geschlecht in grosser Hochachtung stehen [1]).

Juliana [2]).

Bscht! lauf' si nit so g'schwind! — ei! nimmt si nièmè mit [3]).

Ursula.

Verzei' si mer, frau bâs! i hâ si werzich nit [4])
G'hêrt, noch vîl wenjer g'sên. — Ess isch so wieschd zè gèn
Dass mè nur allèwîl uf d'süffrè schdain müess sên.

Juliana.

Es geht mer âü è-so; i hâ dô schü' bekummè — [5])
Unn hätt i si dem dièp nurr gâr nit abgenummè [6])!

Ursula.

Worum ?
        Dô gück si nurr, wie mè do drinnè gêd [7]);
Ob nit der gschmidschdi füess ass wie è wäschlad schdêd [8])?
Soll einè diss, biem blüed!, nit beschdialisch schêrè [9])!

Ursula.

Erzirn si si nurr nit; unn gê si nüss züm bärè
Drüss inn d'r rüttè-gass; dô wurd si wärli sèn [10])
Ob er nit schiejlè machd, die wie gegossè schdèn.

Juliana.

S'isch eim, biem blüet!, jo faschd verleidt ebbs nejs zè kauffè;
Mè müess si' d'füess ball ab durch alli lädè lauffè [11]);
Unn wemm mè ebbs erwidschd, so wurds eim 's-meischt verderbd.

Ursula.

Botz! éier bäsel hett è güedè brockè g'erbd
Vom vetter Awwerham.

Juliana.

        H'es isch so mit zè nemmè;
Er hett îm Ehred jò, der d'schwîn hett als mièn schwemmè,
Bi drissig daler züm lechitema vermachd [12]).

Ursula.

Do wurd der strólsdieb rèchd in d'füschd nin hann gelacht [13]).
S'gitt villicht jetz è paar.

Juliana.

Nein! 'sLissel isch verschbrochè.

Ursula.

Ei! schwej si schdill; 's kann jò kenn wassersubb rèchd kochè [14]);
Isch's denn schunn üsgemachd?

Juliana.

Si henn dè handschdreich k'hett [15]).

Ursula.

Wer nimmt's denn?

Juliana.

'Sischt è g'sell, der uff dè Müerhoff gèt [16]),

Ursula.

Na! dèr wurd wól begòbt! — Dort sich-i's, glauw-i, kummè!

Juliana.

Wo?

Ursala.

Dort am Rüewèloch.

Juliana.

I sieh's nit.

Ursula.

Bi dè drummè!

Juliana.

Botz blüed! jetz müessè mer von ganz ebbs andersch reddè.
Ia! denk sie nurr, frau bâs, si trajt äü guldni kettè;
Isch diss gebermedîrt fir sô è handwerks fräü [17])?

Ursula.

Si hett, bin i è hex!, ganz rêcht; 's belendt mi äü,
Dass mè so litt, wie mier, nimm kann vor mäidè kennè.
D'litt wellè mit gewald ins greschd' verderwè rennè [18]).

Juliana.

Botz! Lissel! wô kummsch her?

Lissel.

Ha! dô vom nejè märk;
I hâ dô rüewè kauft, unn fir è groschè schdärk.

Juliana.

Henn er è säiffè-wäsch?

Lissel.

Iô! in der subbè schissel;
'Swurd no' nit g'impfèdîrt; mer pfüdlè nur è bissel,
Was mer züer nôt so brüchd, bitz besser wetter gidd [19]).

Ursula.

Ja! — min wèj isch der widschd.

Juliana.

Ward si, i gè jetz mid;
Na! Lissel! hald' di wôl; dè bisch bi bravè liddè.

Lissel.

'S hett jetz d'längschd zitt g'währd.

Juliana.

Wie sò? bisch nit zèfriddè? —
Botz stroh! — jetz fallt's mer in : — wenn gèd 's güed lêwè àn?

Lissel.

Bis iwwer vierzè dà ; — i wurr jo s'glick àü hann,
Uff mìnè èrè-dà, d'frau bàs bi ès zè sên [20]) ?

Juliana.

Gewiss verschbrich i's nit; doch kann's villicht wòl g'schèn,
Wenn niks d'rzwischè kummt. — Gries mer dè jungè vedder!

Lissel.

Bedank mi's.

Juliana.

Na ! lêb wòl [21]) !

Ursula.

S'deichd mi s'gitt ball schèn wedder.
D'r himmèl hellt si üss.

Juliana.

Es kummd mer àü so vòr.

Ursula.

Diss Lissel isch è schlapp ! dò plüdert's nò è jòr,
Unn d'haimè hett's è wäsch ; sott mir's è màüd sò machè,
I gèw rè uff dè hund ; si wirdi's nit gelachè.
Isch diss denn àü erlaubt? d'haim brennt's fìr umèsunnsch ;
D'nò wemmè essè soll, macht sò è füeli pflunsch
Dass d'fràü noch händel krijt ; mè kann doch àü nit b'schdändi
D'haim in d'r kichè sinn [22]).

Juliana.

Ja! denk si was am mändi
Mir firr è schdreich bàssird : — i wil, gottunverwissè,
In d'àchder preddi gên, unn henk rè 's kopfè-kissè,
Wo 's kind verbrinzeld hett, 's nägdschd an dè offè hien,
Unn trà nurr 'sschwarz gedüech noch nuff uff d'överschd bihn;
Unn wie i kumm, so n'isch è loch in d'ziech gebrennt : —
Dò hawi mi firr zorn, bìm blüed!, na nimmi kennt;
Unn was rè 's erischd noch isch, sè fangt's vieh ân zè lachè,
Dò i ang'fangè hâ im s'grebschd è-rà zè machè [23]).

Ursula.

Hett si's denn àü gewissd ?

Juliana.

Gewissd! — w'rum sinn sie d'mèjd ?
Nurr dass mè schdrickd unn spinnd, unn allè morjè fèjd,
Unn d'kinder kummèdirt ? nein! dozü brüch i kenni;
Wenn eini brâv will sinn, so gêd si àü è wenni
Der frauè hindè nôch [24]).

Ursula.

S'isch wôhr, d'frau bâs hett rèchd,
Es schdêd rè hittis-dàs in allè schdändè schlêchd;
Mirr sinn, 's isch ganz g'wiss, jetz in dè ledschdè ziddè [25]).

Juliana.

'S isch nit g'bermedird was mè vom g'sind müess lîdè.

Ursula.

Ja! — d'zidd hett ehr'! frau bâs! — jez müess i wàier gèn.

Juliana.

Ei! hawi dò no' nie dès halsdüech an 'rè g'sên :
Das isch è herzier narr ! wo hett si's schdickè lôsè ?

Ursula.

Im Bränd-èn-end, frau bàs!

Juliana.

A! dò bi dêrè gròssè; —
Was zahld' si rè derfir? — Gelt si, was gêd's mich àn ²⁶)!

Ursula.

Ah! gé si! si monkîrt; — si kennt jo mînè mann,
Wie er è kurwel isch, der derfs jô nit erfârè,
Was mi d'r beddel koscht; i düe's am müel erschbârè.
Mit demm was i bekumm, wie kamm mer dòmit b'schdèn,
I miessd als b'schändi wie è herr-gotts-veij'lè gên;
Err gitt mer wuchè-geld; im iwrijè kann i waddè ²⁷).

Juliana.

Dòrinn sajd mîner niks; doch hett er sunschd âü raddè.
Awer i fang's im glich.

Ursula.

Wie machd si's denn, frau bàs ²⁸)?

Juliana.

Sicht si's, zè ierè g'said, s'isch als mîn gresschder g'schbass
Wenn er dè libbel henkt, unn will nit mid mer reddè :
So schdell i mi nur krank, unn lôs mîn mammè beddè,
Si soll züm dokder gên ; die schmeckd dè brôdè schunn :
Si kummt noch in der nâchd, unn fangd an wieschd zè düen ;
Dò krîjd er glich züm kriz ²⁹).

Ursula.

Si isch, jò wòl, è lòsi!

Juliana.

Isch diss ken klüjhet nit?

Ursula.

Bìm blüed! derzü è grôssi.

I hätt, bi mîner trei! noch nie so wît gedôchd; —

Diss ding isch güed firr mich: kummt mîner nurr unn bochd,

I will's im, bin i è hexs! ken härel besser machè.

Juliana.

Prowìr si's nur è môl.

Ursula.

Ha! ha! i müess schunn lachè;

Ja! lêb si d'zidder wôl! — Jetz mües i weidli gèn. —

Juliana.

Wenn b'süechd si mi è môl?

Ursula.

'S wurd' nägdscher dàüè g'schèn.

A grüess an ierè mann!

Juliana.

Ja! grüess si mer àü ierè.

Ursula.

Bin k'horsamschd oblijêrt, frau bâs! wurr nit manggìrè [30]).

———

3. Erklärung.

[1]) Ueber den hochdeutschen titel, s. s. 9.

[2]) Frau Juliana gehört zu denjenigen bürgerfrauen, die sich mit der haushaltung nicht gerade eifrig befassen, sondern, in den vormittagsstunden, sich in der stadt zu schaffen zu machen suchen, um einen vorwand zu haben, auszugehen, sich in den

strassen zu zeigen, und plaudern zu können. Es hatte am tage
dieses gesprächs in der frühe geregnet, und das strassenpflaster
war deshalb kothig. Da bei solchem wetter die frauenzimmer
ihre röcke etwas hinauf halten, um sie nicht unterhalb zu be-
schmutzen, oder, wie man in Strassburg sagt, um keinen bollhammel nach haus zu bringen, so war solches schmutziges
wetter der frau Juliana zum ausgang gerade eben erwünscht,
aus dem grund weil sie so ihren schönen fuss, auf den sie besonders stolz war, besser zeigen zu können gelegenheit fand.

³) Die gesprächige frau Juliana beeilte sich die frau Ursula auf
dem Barådèblatz einzuholen, um mit ihr nach lust schwatzen
zu können. Der ausdruck : nimmt sie niemè mit ist hier ein
trefflicher ; denn er drückt die eile aus und das vor sich hin
gehen, ohne die personen auf der strasse zu bemerken, oder sich
um sie zu kümmern.

⁴) Wärzich und wärzina statt wärli (wahrlich) gehört
dem plebeier stil an (s. oben s. 8).

⁵) Da frau Juliana sich auf die strasse begeben hat um ihren
schönen fuss zu zeigen, so benützt sie die saubern steine,
wovon frau Ursula spricht, um, in der rede, auf ihren schuh,
und somit auf ihren fuss zu kommen.

⁶) Frau Juliana führt klage über ihren schuster, der ihr allzu-
weite schuhe verkauft habe ; sie nennt ihn, im affekt, einen
dieb (di'p).

Hinsichtlich des *p* in di'p ist zu bemerken, worauf ich schon
früher (s. *Les Gètes*, s. 75) aufmerksam gemacht habe, dass der
Strassburger die wörter welche er, in affektlosem zustand, mit
weichen consonanten ausspricht, im zorn, mit harten consonanten versieht. So sagt er z. b. gewöhnlich : er hedd'-s-em
gsaid (er hat's ihm gesagt) ; mit affekt gesprochen lautet dies
aber er hett's-im ksait. Es ist dies für den glossologen eine
wichtige andeutung, um, in vielen sprachphänomenen, das ver-

hältniss der weichen consonanten zu den harten, abgesehen vom lautverschiebungsgesetz, zu erklären. Dabei ist aber noch in anschlag zu bringen, dass, in vielen deutschen dialekten, die schlussconsonanten mit vorliebe entweder aspirirt oder verhärtet werden. So sagt man, z. b., statt des rein gesprochenen weichen englischen da*g*, in vielen deutschen mundarten, entweder da*ch*, ta*ch*, oder da*k*, ta*k*.

[7]) Das wort gücken scheint mir für ge-uken (vgl. gelten für gewilten, geilten) zu stehen, und zur wortsippe oko (auge) zu gehören. Das neutrum güggel entspricht somit dem lateinischen masculinum oculus (auge).

[8]) Frau Juliana vergleicht ihren schuh, für ihren geschmeidigsten fuss, mit einer wäschlade. In Strassburg nämlich wird im fliessenden wasser auf einer bridsch (brücke) gewaschen, welche so benannt ist, weil sie früher gleichsam eine an vier pfählen befestigte und an walzen hängende kettenbrücke war. Diese britschen wurden erst in neuen zeiten durch platte auf dem wasser ruhende gedeckte schiffe ersetzt. Auf diesen bridschen stehen, längs dem wasser, die wäschladen, das heisst viereckige mit stroh ausgelegte hölzerne kisten, in welchen die wascherinnen kniend sitzen, und vor sich, auf dem abhängigen waschladenbrett, die wasche kneten, ausspülen und ausringen. Eine solche wäschlade umschliesst, selbstverständlich, die darin sitzende waschfrau nicht so eng und genau wie ein angepasster schuh den darin ruhenden fuss. Daher der vergleich eines zu weiten, und nicht, wie angegossen, anliegenden schuhs, mit einer wäschlade.

[9]) Bîm blüet! verdeckter schwur-ausruf für : beim blute Christi! Die Franzosen sagen gleichfalls palsambleu! (par le sang de Dieu! s. oben, s. 14, Botz blüed! für Gottes blut!).

Scheren (schneiden) hat hier die abgeleitete bedeutung : schneidend wehe thun.

[10]) Früher hatten die häuser in Strassburg, wie noch jetzt in
vielen nördlichen gegenden, keine hausnummer, sondern eine
hausmarke, und später ein hausschild-zeichen, z. b., einen in
stein gehauenen, oder nur auf eine tafel gemalten bären, ochsen,
hasen, karpfen, etc. So war das haus eines frauenschusters
zum bären benannt. Es stand in der Rüttengass, welche heute
Madlenègass heisst. Da diese gasse, vom Barâdèblatz aus,
wo das gespräch vorfiel, ausser der stadt jenseits der Ill sich
befindet, so sagt frau Ursula : nüss (hinaus) zum bärè, und
drüss (draussen) in der rüttègass.

Viele gassen im alten Strassburg tragen ihren namen nach
vornehmen adelichen herren und familien, wie die Kalbgasse,
Knoblochgasse, etc. Die rüttègass bekam diesen namen nach
einem geistlichen herrn, her Uoten; so dass die gasse wo er
wohnte, Her Uetengass hiess, woraus man später, aus missverständniss, rüttègass machte. Bei diesem namen dachten
die frauen wahrscheinlich an die rütten (rauten, verschobene
vierecke), das heisst an die ins viereck gehefteten falten ihrer
röcke, oder wohl gar an das noch jetzt so beliebte feine gebäck,
die mandelrütt' genannt, weil es aus einem, mit mandeln gewürz-
ten, in viereckigen formen gebackenen, feinen teig besteht.

[11]) Obgleich frau Juliana so gern ihren schönen fuss überall,
sogar dem schuster zeigt, so klagt sie, zum scheine, dass, um
ein paar gute schuhe zu bekommen, man alle schusterläden
durchstöbern, und bis hinaus in die rüttengass gehen muss, und
noch dazu, wenn man ein schönes paar gefunden hat, es einem
beim schlechten wetter, wie das heutige, erst noch verderbt
wird.

[12]) Frau Ursula hat eine tochter welche sie gerne an den mann
bringen möchte, und ist daher eifersüchtig auf alle mädchen
welche unter die schneppenhaube (schnabelhaube der frauen)
kommen, das heisst sich verheirathen. Sie hat erfahren dass das

bäschen von frau Juliana, die jumpfer Lissel, einen guten bro-
cken von ihrem vetter Abraham geerbt hat, und sie sucht daher,
von den schuhen ablenkend, das gespräch durch die gewöhnliche
formel botz! (Gotts wetter), auf etwas ihr gleichsam einfal-
lendes, auf die erbschaft des beneideten mädchens, überzuführen.

Auf die auskundschaftende frage der Ursula, wie hoch sich
wohl die erbschaft belaufen möge, antwortet Juliana: he! es ist
nicht unbedeutend, es ist der mühe werth mit zu nehmen.
Und um ihr die beträchtlichkeit dieses erbes fühlen zu lassen, und
ihr, wie man sagt, die zähne lang zu machen, führt sie an dass
Abraham ja sogar seinem knechte Ehred (Ehrhard), der ihm ehmals seine schweine in die schwemme trieb, die bedeutende
summe von 30 thalern (heutzutage eine werthschaft von unge-
fähr 500 fr.) zum lechitema, das heisst durch legitima do-
natio (rechtmässige schenkung), vermacht hat.

Das im texte aus nachlässigkeit ausgelassene wort als, im
sinne von früher gewöhnlich, habe ich wieder restituirt, so
dass ich lese: der d'schwin hett als mièn schwèmmè.

Da der verfasser die personen, die er bezeichnen wollte, eben
so wenig wie sich selbst nicht direkt nennen durfte (s. s. 5),
so sind die namen Abraham und Ehred, so gut wie Juliana und
Ursula, mit fleiss pseudonymisch. Da nun aber innerhalb Strassburg gewöhnlich nur müller, bäcker und metzger, in ihrer
wohnung, schweine halten durften, so war es für den kenner
ziemlich leicht zu errathen wer der Abraham und der Ehrhard
eigentlich war.

Die lateinischen namen Juliana und Ursula, so wie der juri-
dische, wiewohl verderbte, ausdruck lechitema (legitima), deu-
ten vielleicht darauf hin dass der verfasser des gesprächs wahrscheinlich ein advokat, licentiat, oder sonst ein rechtsgelehrter
gewesen.

13) Strohl oder strolch bezeichnet einen der strolcht oder

unstät herumzieht. Strolchsdieb ist ein stehlender vagabund oder vagus (strassb. wagges). Ursula benennt so, anscheinend abschätzig, den Ehred, aus missgunst über sein glück; und sie sagt dieser werde sich in die faust gelacht haben, das heisst er werde innerlich über die güte seines herrn sich lustig gemacht, aber, aus rücksichten, sich die faust vor seinen lachenden mund gehalten haben, um so sein lachen zu verbergen. Im grunde verachtet Ursula den Ehred nicht, und würde ihn gerne, wegen seiner erbschaft, zum schwiegersohn annehmen. Deswegen sucht sie fragend zu erfahren ob nicht der strolsdieb die jumpfer Lissel als frau heimführen werde, worauf ihr Juliana antwortet dass diese bereits schon, wie man in Strassburg sagt, mit einem anderen versprochen sei.

[14]) Wenn eine frau aus dem volke ausdrücken will dass ihr etwas, von einer anderen gesagtes, unwahrscheinlich sei, und sie es nur für spass nehmen könne, so sagt sie: ei! schweige sie still! Ursula findet es unwahrscheinlich dass jumpfer Lissel in den ehestand trete, weil sie ja nicht im stande sei eine rechte hausfrau abzugeben. Ehedem, um auszudrücken dass ein mädchen einer haushaltung nicht gewachsen sei, oder ihr nicht vorstehen könne, sagte man «es kann nicht einmal recht eine wassersuppe kochen.» Heutzutage, wie viele mädchen, in Strassburg und anderswo, müssten unverheirathet bleiben, wenn man ihnen die bedingung stellte, dass sie, um eine haushaltung antreten zu dürfen, vorerst, als probestück zum ehestand, beweisen müssten, dass sie eine wassersuppe zu kochen verstehen.

Ursula ist nicht gut zu sprechen auf die Lissel, weil diese vor ihrer tochter sich hat versprechen (verloben) können, während doch, nach ihrer meinung, diese ihre tochter eher verdiente zur hausfrau erhoben zu werden.

[15]) Ehe das französische ehegesetz im Elsass eingeführt wurde, beobachtete man den alten brauch des verlobnisses, welches

man den handstreich nannte, weil man dabei pflegte, wie bei
versprechungen und kauf, sich gegenseitig in die hand zu schlagen (fr. taper dans la main).

¹⁶) Die maurerzunft hatte in der brandgasse ihre stube, und
besass unten neben der früheren Präfektur (jetzt Bezirkspräsi-
dium), den Müerhoff (maurerhof), wo der bräutigam der
Lissel maurergesell war. Diesen bedauert frau Ursula dass er
mit einer untüchtigen ehefrau begabt werde, während er, wie
sie denkt, mit ihrer tochter zur frau viel besser gefahren wäre.
Indem si so denkt und spricht, sieht ihr scharfes frauenauge, von
weitem, die jumpfer Lissel herankommen. Diese kam vom Neuen
markt, beugte eben links in den Barâdèblatz ein, und ging
gerade daselbst bei dem eckhaus vorbei, das damals noch ein
wirthshaus war. Dieses wirthshaus und das dabei liegende gäss-
chen war zum Rüewèloch (Rübenloch) benannt, so wie andere
stadt- und bannreviere einen ähnlichen namen, wie z. b. Dummèloch (Thomannloch) und Schnôkèloch (Schnackenloch) trugen. Da Ursula auch von drummè (trommeln) spricht, so scheint
es dass beim Rüewèloch das militair mit trommeln gerade zur
wachparade gegen mittag aufzog.

¹⁷) Der verfasser des gesprächs hatte, auf dem titel, von dem
aufrichtigen wesen der Juliana und der Ursula, ironisch, gesprochen. Hier beweist nun das benehmen derselben dass sie solches
lob nicht sehr verdienten ; denn, beim herankommen der Lissel,
sagt die Juliana zur Ursula dass sie jetzt müssten thun als ob
sie von etwas ganz anderm geredet hätten; sie beeilt sich noch
einen vorwurf gegen jumpfer Lissel anzubringen. Sie wirft derselben vor dass sie, eine künftige handwerkerfrau, die braut
eines maurergesellen, sich erlaube eine goldene kette zu tragen ;
das sei nicht, wie sie sich ausdrückt, g'bermedirt (vom französischen permettre, erlauben).

¹⁸) Frau Ursula stimmt in die klage und anklage der frau

Juliana ein; aber was sie beelendet oder betrübt, mehr noch
als die hoffart des Lissel, das ist der gedanke dass, wenn solche
mädchen goldne ketten tragen, man leute, wie sie, nicht mehr
vor den mägden unterscheiden könne; und unter der allgemeinen
bezeichnung mägde versteht die Ursula speziell die jumpfer Lissel, welche, wie viele töchter des untern bürgerstands, im alten
Strassburg, in reichern und vornehmern häusern, als dienstmädchen eingetreten war.

Die mäid ist der regelrechte plural von mäüd (magd).

[19]) Schdärk (stärke) ist hier amidon, zum steifen des wasch-
zeuges. Iu Strassburg nennt man büchwäsch die grosse
wasche, wobei das waschzeug im büchkessel ausgekocht
wird, im gegensatz zur seifenwäsche, wo das zeug nur einge-
seift und ausgespült wird. Zur letzteren braucht man keinen
kessel, sondern kann sie, zur noth, in grösseren schüsseln vornehmen, und um solche zu bezeichnen, bedient sich die Lissel
des ausdrucks : saiffewäsch in der subbè-schissel (suppen-
schüssel).

Zur grössern büchwäsch muss vorerst der wäschzeddel gemacht, das heisst das waschzeug gezählt oder inventirt (g'im-
pfèdirt), und sortenweise eingeschrieben werden. Eine kleinere
seifenwäsch nennt man auch pfüdelwäsch. Das zeitwort pfü-
deln scheint, wie pfutscheln, ursprünglich schnell, überhin,
und somit schlecht arbeiten, bedeutet zu haben.

[20]) Frau Ursula, die nicht gern bei der, von ihr beneideten,
jumpfer Lissel steht, stellt sich als ob sie sich entfernen wolle,
unter dem vorwand dass ihr weg nach hause der weiteste sei.
Sie bleibt aber dennoch stehen als frau Juliana sagt sie wolle mit
ihr gehen, und sie hört es mit an wie diese es darauf anlegt das
gospräch mit Lissel auf deren baldige heirath überzuführen. Juliana stellt sich zuerst als ob sie von dieser heirath nichts wüsste,
und lobt die herrschaft des dienstmädchens. Da dieses aber sagt

dass es nicht mehr lange im dienste bleiben werde, so stellt sie
sich als ob es ihr nun jetzt erst (botz ströh! für gott ströff
mich!) einfalle, von dem eheverlöbniss gehört zu haben. Sie
frägt sie wenn die hochzeit, das gute leben (cf. hohe zit; engl.
high life) angeht. Lissel antwortet hierauf, und lädt die base zu
ihrem ehrentag (hochzeittag) ein.

²¹) Alle geladenen hochzeitgäste sind, im Elsass, zu einem geschenke (hüsstier, haus–steuer) an die jungen eheleute verpflichtet. Deswegen steht Juliana an, die einladung geradezu
anzunehmen ; sagt aber dass sie vielleicht erscheinen werde,
und sie entlässt die Lissel, nachdem sie ihr aufgetragen ihren
bräutigam, den maurergesellen, zu grüssen, worauf Lissel dankt
mit den worten : bedank mi's (bedanke mich es, für bedanke
mich dafür).

²²) Frau Ursula, die vorhin sich gestellt hatte als wolle sie ei-
lends weggehn, bleibt stehen um von neuem das gespräch an-
zufangen, worin sie besonders gegen die Lissel loszieht. Sie
nennt sie eine schlapp (schlaffe, nachlässige person), è füeli
pflunsch (faule schlumpige magd), die unnützerweise das zu
haus angemachte feuer, während sie ausserhalb plaudert, bren-
nen lässt, und desshalb dem hausherrn das mittagsmahl nicht zu
rechter zeit fertig bringt, da doch eine hausfrau (z. b. wie frau
Ursula im augenblick) nicht immer, um solches zu besorgen, in
der küche sein kann, sondern, ihrerseits, auf der strasse bequem
plaudern darf.

Der ausdruck : auf den hund geben (den frechen übermuth
niederschlagen) findet in folgendem seine erklärung. Unter dem
hund, von dem in solchem ausdruck die rede ist, verstand man
ursprünglich den bösen höllenhund. Der höllenhund Cerberus
der griechischen mythologie wurde in der spätern volkssage mit
dem höllendrachen zur person des teufels selbst. Deswegen zeigt
sich der teufel manchmal als schwarzer oder feuriger pudel, der

in den behausungen, wie in der hölle, das feuer, den feuerheerd, oder den ofen sucht, und sich dahinter versteckt. Daher, um auszudrücken dass eine sache so gering ist, dass man damit nicht einmal den teufel aus der hölle hervor locken könnte, sagt man : damit lockt man den hund nicht hinter dem ofen hervor. Wenn jemand ganz schwach geworden und ganz herabgekommen ist, gleichsam zum teufel geht, so sagt man er ist auf den hund herabgekommen. Da der hund der böse teufelsgeist ist, so sagt man : einem auf den hund geben, um auszudrücken : den bösen geist in einem niederschlagen. Um auszudrücken : ich schlage dich, hund! nieder, sagt der Isländer : ich schlage deinen hund (deine boshafte natur in dir) nieder. Vgl. Graubarts lied, s. 85.

[23]) Nach dem heftigen ausfall der frau Ursula gegen die jumpfer Lissel, erzählt frau Juliana einen vorfall wobei sie sich gewaltig über ihr dienstmädchen erzürnt habe. Die erzählung dieses vorfalls ist einer der glanzpunkte des ganzen gesprächs, und wahrscheinlich ist diese häusliche scene ein hauptgrund gewesen, warum dieses gespräch überhaupt verfasst worden ist (s. s. 6). Der verfasser ist zwar kein Aristophanes noch Molière, aber diese stelle ist, dem inhalt und ausdruckweise nach, dieser meister in der komik ganz würdig (s. s. 7).

Mändi, plebejischer und bäurischer ausdruck für môndâ (montag).

Gott unverwissè, eine heutzutage in Strassburg unbekannte redensart, welche folgender massen zu erklären ist. Verwissen heisst im altdeutschen : mit wissen und bedacht; unverwissen heisst also ohne wissen und bedacht. Gott ist falsche umdeutung für gut, im sinn von ganz. Gottunverwissè steht also für gut unverwissè, so wie als gottersprich bedeutet eben so gut als spräche einer. Gottunverwissè ist demnach gleichbedeutend mit ganz ohne vorbedacht, ohne an böses zu denken, oder ganz unschuldig, ganz unbefangen, ohne sich eines unglücks zu versehen.

Achter preddi ist die predigt sonntags um 8 uhr, gewöhnlich vom unterpfarrer gehalten. Die amtpredigt (hauptpredigt) begann, wie noch heute, nach 9 uhr.

Brinnen (für brinden) bedeutete ursprünglich wie eine quelle (brunnen) oder ein feuer sprudeln. Das diminutive zeitwort **brinddlen** oder **brinzeln** bedeutet wie ein brünnlein leise sprudeln.

Die mit hohen dächern versehenen alten häuser in Strassburg haben, unter dem dach, eine untere und eine obere bühne (hausboden). Auf der oberen bühne war die **schwarz gedüech kammer**, wohin sonntag morgens die sorgfältigen hausfrauen die **schwarz wäsch** (das unrein gewordene waschzeug) der verflossenen woche trugen, um sie daselbst sortenweise bis zur nächsten wasche aufzuhängen.

Ziech ist der leinene überzug, besonders des kopfkissens. Dies wort stammt nicht von **ziehen** (überziehen), sondern vom altdeutschen **ziecha**, welches dem lateinischen **theca** (hülle, futteral) entnommen ist, von dem auch das französische **taie** (kissen–überzug) stammt (s. Diez, Etym. Wörterb., s. 730).

'S erischd steht für **das ärgste**.

È-ra machè (herab machen) hat die bedeutung von der kanzel herab niederdonnern, abkanzeln, durch heftige vorwürfe zu boden schlagen.

[24]) Auf die zur entschuldigung des dienstmädchens gestellte frage der frau Ursula, ob dieses denn wissen konnte, dass die frau etwas an den ofen gehängt hatte, lässt sich frau Juliana, nach art vieler ungerechter hausfrauen, dergestalt aus, dass sie sich nicht entblödet zu behaupten, die guten dienstboten haben nicht allein ihre eigenen arbeiten zu verrichten, sondern sollen auch der hausfrau nachgehen, um zu sehen ob diese

alles, was sie angeht, auch gehörig und vollständig besorgt
habe.

²⁵) Wenn es im haus, im staat und in der kirche schlecht
steht, so flüchten sich viele leute, statt den regierenden und den
regierten ihre pflichten vorzuhalten, passiv auf das religiöse gebiet, und klagen wie Ursula dass die letzten zeiten herannahen.
Nach jüdischer (s. Apocalypse) wie germanischer (s. Voluspâ)
weltanschauung, geht dem weltgericht oder dem weltuntergang
der Antichrist und die periode der allgemeinen verderbniss und
schlechtigkeit voraus. Diese periode nennt man die letzten
zeiten. Von diesen spricht Ursula, und fügt, ihr zeitalter beur-
theilend, ironisch hinzu: Ja! unsere zeit, die ist ehrenhaft!
— Dann, wie zum bewusstsein erwachend dass man die böse
zeit dennoch nicht unnützerweise, wie sie es hier thut, ver-
plaudern soll, sagt sie: jez müess i wâier gêè!

Wâier ist der plebeische ausdruck für wärli (wahrlich, in
der that), obgleich damit keineswegs verwandt. Das bis jetzt
räthselhaft und unerklärte wort wâier ist darum merkwürdig
weil es zu einer indogermanischen sprachsippe gehört, die man
bis jetzt, in germanischen sprachen, noch nicht nachgewiesen
hat. Wir haben in den Sprachlichen Studien (Vᵗᵉ serie, 1872)
gezeigt dass das lateinische facere (machen), das griechische
poiein (machen), und sansc. tvadj (bilden, machen), zu dem
stoffthema T-VöK gehört. Zu dieser wortsippe gehört auch, in
den germanischen sprachen, einerseits, das goth. fagrs (gebildet, schön, erfreulich; gafehs, passend; norr. fagr, agls. fægr,
wovon das altdeutsche fagar entlehnt), andererseits, das alt-
hochdeutsche wâhi (gebildet, künstlich, schön) und das mittel-
hochdeutsche wæhen (gestalten, bilden, machen, gr. poiein).
Der comparatif von wâhi war wâhiro (passender), und von
diesem comparatif ist das strassburger abstracte adverbium
wâier gebildet, und drückt, so wie wahrlich, in der that,

eher, aus, dass dies oder jenes zu thun passender ist als es zu unterlassen.

[26]) Frau Juliana, die zum plaudern immer eine gelegenheit sucht und findet, leitet nun das gespräch auf das gestickte halstuch der frau Ursula.

Herzier narr. Narr bedeutet nicht allein den blödsinnigen, sondern, wie hofnarr, einen witzigen menschen, der durch spässe und allerlei narrheiten amüsirt, gefällt, und belustigt. Deswegen können sogar gegenstände und sachen, die zierlich und gefällig sind, wie das gestickte halstuch der frau Ursula, herzige narren genannt werden.

Bränd-èn-end (Brand ein End) bezeichnet noch heute das haus wo der grosse brand von 1388 zu ende kam. Dies haus, jetzt zum weissen bären benannt, lag in der nähe, hinter dem Rothen hause, beim Baarfüsserplatz. Deswegen sagt auch Juliana, darauf hindeutend, ah! dô, bi dêrè grossè. Hier nämlich wohnte, zur zeit, eine geschickte stickerin von stattlichem grossem wuchse, wahrscheinlich dieselbe die in einem andern gespräch die frau Berwel genannt wird (s. 3tes Gespräch). Heutzutage wo die übermässige industrielle concurrenz auch eine übermässige publicität nothwendig macht, würde ein autor, der, wie der verfasser unseres gesprächs, die aufmerksamkeit der damen auf die stickerin im Bränd-èn-end lenkte, mit recht, in verdacht kommen er sei für diese réclame von der schönen stickerin auf irgend eine art bezahlt worden.

Bei schmucksachen fragen die damen, und nicht ohne grund, zunächst nach dem preis. Juliana sucht sogleich zu erfahren was Ursula für das sticken bezahlt hat; und da sie merkt dass diese nicht sogleich mit der sprache heraus wolle, so sagt sie, sich äusserlich bescheidend : gelt si, was gêht's mich an!, innerlich aber weiss sie dass frauen kein geheimniss lange verschweigen, und dass sie auch dieses erfahren werde, selbst

wenn Ursula grund genug hätte hierüber reinen mund zu
halten.

²⁷) Ursula, die eben mit Juliana so streng über jungfrau Lissel
abgeurtheilt hat, weil diese, über ihren stand hinausgehend,
eine goldne kette trage, muss nun gestehen dass auch sie für
ihre stickereien, über ihre verhältnisse hinaus, zu grossen ausgaben sich hat hinreissen lassen. Deswegen will sie anfangs auf
die frage, was sie das halstuch gekostet, nicht antworten; aber
damit es nicht scheine als ob sie sich hierin im fehler fühle, so
theilt sie der Juliana das geheimniss mit.

Wenn eine frau aus dem volk ausdrücken will dass sie das
was eine andere ausgesagt nicht, als im ernst gesprochen, glauben
könne, sondern nur für ironie und spass halte, so sagt sie, in
verschämt thuendem tone: ah! geh sie! (im sinn von: ach lass
sie mich doch damit in ruhe), oder sie vexirt (sie will mich
durch ihren spott quälen), oder, wie hier, si monkirt (fr. se
moque; sie treibet mit mir bloss spott). Vergleiche ¹⁴).

Frau Ursula die, wie auf dem titelblatt steht, bei ihrem geschlecht, wegen ihres aufrichtigen wesens, in grosser hochachtung stand, zeigt hier abermals dass sie mit ihrem eheherrn,
hinsichtlich ihrer ausgaben, nicht sehr aufrichtig verfuhr. Sie
entschuldigt diess verfahren damit dass ihr mann ein kurwel (un-
zuverlässiger, gleich einem haspel sich umdrehender mensch) sei,
der durchaus nicht erfahren dürfe, was sie der bettel (was man
beim betteln erlangt), das heisst, die kleinigkeit (bagatelle) ko-
stet; sie suche es wieder einzubringen durch ersparniss am
munde; zu dem, sei sie so knapp gehalten dass, wenn sie mit
dem wochengeld, das ihr ihr mann aussetzt, ausreichen sollte, sie
gezwungen wäre, gleich einem herrgottsvögelein immer in
demselben kleide zu gehen. So verstehe ich diese letztere stelle,
welche im texte corrupt und unverständlich geworden, zumal
da darin ein vers ausgelassen ist, wie schon der mangel des

entsprechenden reims beweist. Um das ausgelassene einiger-
maassen hier durch conjectur herzustellen, habe ich mir erlaubt
vor den, nach mir, so zu lesenden vers:

> I müsd als b'schdändi wie è herrgottsvej'le gèn

den, von mir, ganz gemachten vers einzuschieben:

> Mit dem was i bekumm, wie kamm mer dômit b'schdèn?

Herrgottsvögelein nennt man in Strassburg den kleinen ma-
rienkäfer (coccinella), der auf rothen elytren schwarze flecken
trägt. Wie ein herrgottsvögelein gehn soll hier wohl heissen:
immer dasselbe kleid tragen.

Wuchògeld ist das, vom gemahl der ehefrau für ihre persön-
lichen bedürfnisse, wöchentlich überlassene geld.

Waddè (waten) heisst durch schwierigkeiten durchschreiten
müssen, sich, so gut es geht, behelfen müssen.

[28]) Ratte. Vom vierten jahrhundert an kam die ratte, den la-
gerplätzen der völkerwandernden slavo-germanischen stämme
folgend, aus dem osten in den sud-westen Europa's. Dieser nager trug, bei diesen stämmen, einen namen der zu der wortsippe
K-RaT (kratzen, nagen) gehört, zu welcher auch das lateinische
rodere (nagen, für crodere) zu rechnen ist. Im slavischen besteht noch krot (feldmaus, maulwurf), und in der Edda bezeichnet das masculine Rati (nager, bohrer) die symbolische
Ratte. In Italien bekam das fremde thier den germanischen namen ratto, welcher dem althochdeutschen masculin ratto entspricht, und den man sich wahrscheinlich· als gleichbedeutend
mit ratto (rasch, lat. raptus) umdeutete. Da man die altnieder-
deutsche schwache form ratta für ein feminin nam, so sagte
man, im deutschen, neben der ratz, auch die ratte.

Das wort ratte (niemals ratz) hat hier die, aus den romanischen sprachen entnommene, spezielle bedeutung von laune, ca-
prize, bizarrerie (vgl. fr. rat).

Es hat, meines wissens, noch niemand sich die frage gestellt und darauf geantwortet, wie es gekommen, dass das wort ratte diese spezielle bedeutung von laune erhalten konnte. Der grund hiervon liegt, meiner ansicht nach, einfach in einer verwechslung, oder einem quiproquo, homonymer wörter. Die laune nämlich ist etwas schnell wechslendes; sie ist ein aufbrausen, ein leidenschaftliches hingerissen werden. Im classischen latein bezeichnet das neutrale adjectif raptum und das masc. substantif raptus blos das physische schnelle hingerissen werden. Im Mittelalter aber bekommen diese wörter, in den romanischen sprachen, auch die moralische bedeutung von schnellem geistigen hingerissen werden, so dass das lateinische raptum (das schnelle), und raptus das aufbrausen, die laune, die verzückung bedeuteten. Das lateinische adjectif raptum und das substantif raptus wurden, in den romanischen sprachen, regelmässig zu ratto (schnell) und ratto (aufbrausen, capriz), so wie auch, z. b. das lat. adjectif ruptus zu rotto, und captus zu catto (vgl. cattivo, fr. chétif, von captivo) geworden sind. Das aus dem lat. substantif raptus entstandene ratto hatte also die bedeutung von aufbrausen, laune. Da dieses selten vorkommende wort nicht leicht als aus dem lateinischen raptus entstanden erkannt wurde, so verwechselte man es mit dem homonymen, besser gekannten wort, ratto (ratte), und warf die bedeutung beider, ursprünglich verschiedener, wörter zusammen, so dass ratto als zugleich ratte und laune bedeutend angesehen wurde. Obgleich nun zwischen laune und ratte keine ideenverbindung statt finden konnte, so fand doch die einbildungskraft des volkes mittel sich die launen metaphorisch als ratten vorzustellen; und deswegen konnte auch frau Juliana, dem sprachgebrauch gemäss, sich des malerischen ausdrucks bedienen: einem seine ratten fangen, für ihm seine üblen launen benehmen.

3

Ehefrauen sind geneigt die einsprache und gegengründe ihrer eheherrn, wodurch ihre zwecke verhindert oder vereitelt werden, als böse launen, als ratten anzusehen, und die schlauheit der frau Juliana, die, mit unrecht, bei ihrem geschlecht für aufrichtig galt (s. s. 10), wandte bisweilen ein probates mittel an, um ihrem ehemanne diese ratten zu fangen. Da dieses mittel auch andern frauen dienen konnte, so war frau Ursula begierig es kennen zu lernen, um ihrerseits auch davon gebrauch zu machen.

²⁹) Da das von Juliana angewandte mittel eine geheime panacee ist, so theilt diese frau es nur unter dem siegel des geheimnisses mit (zü ierè g'saïd); sie weiss ja dass Ursula hierüber reinen mund halten wird. Der passus der nun folgt ist wiederum einer der glanzstellen des gesprächs (s. s. 27), und das hier gegebene schlaue recept, zu nutzen der ehefrauen, ist wahrscheinlich einer der hauptgründe mit gewesen, warum dies gespräch überhaupt verfasst worden ist, um nämlich gelegenheit zu haben darin dieses recept vorzutragen (s. s. 6). So habe ich als knabe im bibbelschbiel (s. s. 6) ein stück gesehen, wo eine ähnliche eheliche stadtgeschichte eingefügt war, und dessen hauptscene ebenfalls gerade darin bestand, dass die ehefrau, um den gerechten zorn ihres eheherrn, des wurstlers, in sanftes mitleid zu verkehren, eine ohnmacht erheuchelte, und sich dann, tief klagend und seufzend, zu bette legte.

Der Strassburger sagt der libbel, um die untere lippe oder lefze zu bezeichnen; den lippel henken ist synonym mit: das maul hängen (fr. faire la moue).

Beddè bedeutet eigentlich beten, wird aber auch gebraucht für bitten.

In der redensart: den braten schmecken hat schmecken die bedeutung von riechen.

Wieschd düen heisst rauh, heftig, lärmend und tobend, auftreten, so dass man eine höchst unangenehme (wieschdi) scene herbeiführt.

In der volkssprache sind gewisse ältere ausdrücke nur noch in gewissen redensarten, besonders in compositionen, gebräuchlich. So ist z. b. das wort koth, für gassenschmutz, in Strassburg heute unerhört; man sagt dafür dreck. Aber in meiner jugend war doch noch das compositum kôtschîfler (der den koth wegschaufelt) gebräuchlich. So sagt man auch niemals krijè (für kriechen), sondern immer krôble. Aber die allitirerende redensart zum kreuze kriechen hat sich noch, wiewohl nur mit mühe, in zum kriz kriejè, erhalten.

[30]) Klüjhet, heute noch gebräuchlich für Klugheit.

Gedòchd, obgleich regelmässig für hochdeutsches gedacht, wird heutzutage, zumal im feineren stil, durch gedenkt ersetzt.

Bochè steht für das hochdeutsche pochen (hämmern, klopfen); hier hat es die metaphorische bedeutung von aufbegehren.

Die bosheit der frau Ursula gibt sich kund in den worten ha! ha! i müess schunn lachè. Sie betrachtet sich, in gedanken, zum voraus als eine heks (kluge frau), die ihren ehrlichen eheherrn, gleich wie Juliana den ihrigen, immer zu beschwichtigen verstehen wird.

d'zidder (die zeit her) bedeutet, gewöhnlich, den zeitraum aus der vergangenheit bis jetzt. Hier ist aber dies wort in der bedeutung von bis dorthin gebraucht.

Man sollte denken, die beiden frauen hätten sich hier für eine zeit lang ausgeplaudert; aber, gleich als ob sie sich seit langem nicht mehr geschen, frägt Juliana: «wann besucht sie mich einmal?» Ursula antwortet, dass es in den nächsten tagen geschehen wird, wahrscheinlich um über den erfolg des anzuwendenden recepts zu berichten.

Die gegenseitigen grüsse an ihre ehemänner, die sie so schlau

zu hintergehen wissen, klingen, in dem munde dieser damen,
etwas ironisch, sind aber durch die alltägliche gewöhnliche höf-
lichkeitsformeln erheischt.

K'horsamschd oblijîrt ist dem französischen bien obligé
pour votre amabilité entlehnt; desgleichen der ausdruck wurr
nit manggirè entspricht dem französischen je ne manquerai
pas de remplir vos ordres.

II.
'sBrunnè-gschbräch.

—

Vertröülis Brunnè-Gschbräch zwischè vièr Strössburjerischè Dienschd-Mäidè Lissel, Süsel, Kättel, Gredel, uffgsetzd vonn Hanns Jerri Werdô, der Schildwaachd, die d'sellemols am Brunnè gschdandè isch, sins Zeichès è Strôszburjer Kind.

Vorwort.

Dieses zweite gespräch ist, auf einem halben bogen groben papiers, ohne angabe des druckorts, des jahrs und des autors, schon einmal veröffentlicht worden. Es scheint in den 70. jahren des vorigen jahrhunderts, kurze zeit nach dem ersten gespräch verfasst, aber vor demselben, in den 80. jahren, mit den typen von Lorenz und Schuler, gedruckt worden zu sein. Wahrscheinlich ist der unbekannte, talentvolle verfasser dieses zweiten gesprächs, nicht derselbe wie der des ersten; er hatte aber dieses vor sich, und bezweckte das gegenstück zu demselben darzustellen. Im gegensatz zum ersten gespräch, dem sittengemälde (eidullion) des bürgerstandes, dem die darin sprechenden frauen angehören, steigen wir, in diesem zweiten gespräch, eine stufe herab, und vernehmen darin die redensart, die gesinnung, die sitten, von Strassburger dienstmägden. Das erstere ist überschrieben: ein vertrauliches gespräch beim Rothen hause; dieses ist gleichfalls genannt vertrauliches brunnengespräch, wobei die mäd-

chen ihre herzensangelegenheiten und geheimnisse vertraulich
auschwatzen.

Brunnen sind vereinigungsorte, besonders für weibliche personen, nicht allein im Orient, sondern auch im Occident; und
manches vertrauliche und wichtige wort mag, in diesen brunnengesprächen, gewechselt worden sein. Das wichtigste brunnengespräch der welt ist das, worin Jesus von Nazareth zur Samariterin
das bedeutende wort sprach: Gott ist geist; und seine an-
beter müssen ihn im geist und in der wahrheit an-
beten (Joh. 4, 24). Die mägde, in unserem brunnengespräch,
unterhalten sich nicht über so hohe, ewige wahrheiten; aber
ihre herzensangelegenheiten, wie alles menschliche, gehen auch
uns zu herzen; und dieses gespräch, wenn es, wie es wahrscheinlich ist, dem Wolfgang Gœthe, in der literarischen gesellschaft
beim actuar Salzmann, im beisein Herders in Strassburg, als
populäres curiosum, zur kenntniss gekommen ist, mag vielleicht
in seinem gedächtniss sich schöpferisch aufbewahrt haben. Wer
kennt nicht die vorliebe Gœthe's zu brunnengesprächen, und wer
weiss ob diese nicht durch unser gespräch erweckt worden ist?
Gretchen und Lieschen, im Faust, besprechen am brunnen, wie
Gredel und Lissel in unserem gespräch, die traurige geschichte
eines gefallnen mädchens; und hier wie dort stimmen gewisse
ausdrücke merkwürdig zusammen. Erbaulicher und idyllischer
ist das brunnengespräch in Gœthe's Hermaun und Dorothea:

> Den grössern krug und einen kleinern am henkel
> Tragend in jeglicher hand: so schritt sie geschäftig zum brunnen.
> Und er ging ihr freudig entgegen. Es gab ihm ihr anblick
> Muth und kraft; er sprach zu seiner verwunderten also: etc.

Die vier dienstmägde Lissel, Süsel, Kättel und Gredel sind
als strössburjerischi bezeichnet; das heisst aber nicht dass
sie aus Strassburg gebürtig, sondern blos dass sie in Strassburg

dienten. Ihre kleinstädtisch und bäuerisch gefärbte sprache bezeugt auch hinlänglich dem kenner, dass sie, in kleinern ortschaften des Elsass geboren, erst später in die stadt gekommen
sind. Die karaktere der vier brunnen-nymphen sind talentvoll
skizzirt, und mit geschick nüancirt. Lissel ist ein mädchen ge-
wissenhaft, treu und innig liebend, anspruchslos, im ganzen zu-
frieden mit Gott und der welt, wenn sie nur ihren geliebten
Märdel fest zu halten vermöchte. Süsel ist verständig, vorsichtig,
dabei witzig, über die leidige arbeit klagend, und viel lieber mit
liebhabern kosend. Gredel ist eine ältere magd, die sich aber
noch an den jungen knecht im hause hält, mit ihrem herrn sich
gut zu stellen weiss, und bei ihres gleichen das grosse wort zu
führen gewohnt ist. Kättel ist eine derbe magdsnatur, heirathslustig, naschhaft, eine köchin die, Gott verzeih's ihr, taback
schnupft, und nebenbei, was noch unverzeihlicher ist, wannengeld sich macht.

Der brunnen, bei dem das gespräch abgehalten wird, ist
nicht der berühmte, seit 1844 abgetragene fischbrunnen, auf dem
alten fischmarkt, bei dem ich so oft in meiner kindheit spielte ;
es ist der brunnen der, auf dem Rossmarkt (jetzt Meissengasse),
an dem eckhaus sich befand, das 1870 niedergeschossen, jetzt
frisch aufgebaut die ecke der Meissengasse und der Studentengasse
bildet. Das frühere haus hatte ehmals, so wie das gegenüberste-
hende eckhaus (Villes-Suisses), an der ecke unten einen ausschnitt
oder nische, in der der brunnen stand. Im haus wohnte damalen
ein höherer offizier, und deswegen stand eine schildwache am
hause oder am brunnen. Da nun der verfasser des gesprächs un-
bekannt zu bleiben wünscht (s. s. 6), so will er dass man an-
nähme das gespräch sei, von dem wachtsoldaten, der damals
am brunnen stand, und dem er den fictiven namen Hans
Jerri Werdô (Johann Georg Wer da!) gibt, den mädchen ab-
gelauscht, und nachher von ihm schriftlich aufgesetzt worden.

Text.

Vertröülis Brunnè-Gschbräch zwischè vièr Strossburjerischè Dienst-Mäidè Lissel, Süsel,
  Kättel, Gredel, uffgsetzd vonn Hans Jerri Werdò, der Schildwaachd die d'sellemols am
  Brunnè gschdandè isch, síns Zeichès è Strószburjer Kind.

Süsel.

Lüè, was d'r Schinder[1]) düet! diss isch âü noch am brunnè! —
Wie siehschd dè drîn[2])!, dè hesch dè hammel[3]) brâv gewunnè.

Lissel.

Ho! dò wäsch' i mîn krütt; drumm isch mer 's firdi[4]) nass. —
Denk nurr, mîn Märdel[5]) macht mer jez è scheenè g'schbass[6]):
Er lauft im[7]) Berwel nòch, unn lòst mi einsmòls huggè[8]);
Zèvor hett er gedòn als wott er mi verdruggè;
Jetz geht d'r laschderhund[9]) zü andrè mâidlè hin. —
Lüè nummè[10])! 'sGredel gückt dert[11]) owè von der bihn.

Gredel.

Pscht! wardè! i kumm nà; i müess âü wasser hôlè!

Süsel.

Ja! Lissel meinsch dè denn, mer wurd d'r d'liebschder môle[12])?
D'r Hansel hett mer's âü von anfang so gemacht;
I hâ dè dummelè[13]) als nurr mit üsgelacht,
Unn küem mê angelüjt; druff isch er widder kummè;
Er hett mi gradè wâis[14]) in sînè arm genummè,
Unn hett gedòcht[15]), i gib im g'schwind è güedè schmutz[16]);
Ja! letz[17])! I hâ nem g'sait, wòrum i mid em trutz.
Von d'seller schdund isch er mer nimm zü andrè gangè.

Lissel.

Wart nurr! i müess es àü mit mîm è-sô anfangè;
Villicht lòst er mer àü dè wischdè zoddel[18]) gên —
Lüc 'sGredel isch schunn dô! .

Gredel.

Was isch der widder g'schên!
Was mascht dè firr è g'sicht?

. Süsel.

Mer müess nit alles bablè[19]);
Dü plüderscht alles üs, wie alli aldè ablè[20].

Gredel.

O! i verrädsch[21]) ych niks, èr kennè mi schunn lang.

Lissel.

Vom Märdel...

Süsel.

Sâ 's em nit; es halt em doch nur d'schdang[22]).

Gredel.

O! was fröü ich nôch im?

Lissel.

Es sitzt als, uff dèn òvè,
Mîn Märdel allewîl bîm Schnîder-Bärvel drovè[23]),
Unn diss verdriesst mi sô.

Gredel.

Eych mâidlè g'schicht's àü rêchd;
Ir klaüjè furt unn furt. — Narr! karesîr dè knêchd!
Er wär mer gücd genüh; ir wellè noch lang wehlè.

Hesch dü dîn sach im hüess, zê kann der's nimmi fehlè.
I hab âü mînè d'haim ; er isch noch hibsch unn jung, —
I sij der gern noch ebbs[24]); es sitzt mer uff der zung.

Lissel.

O ! geh, i kennt d'r doch dè Märdel nit vergessè !
A deil môl mêcht i faschd vor lieb dò narrè fressè[25]);
Wenn i dèr noch dran denk, wie er so ardli schbield,
Unn mit der kaldè hand als undrem halsdüech wiehld[25]) !.

Süsel.

Dü wieschdi hex ! halt's mühl, unn loss di doch begrâwè[27]);
I sott jetzt gehn ; i hâ kenn suppèdings noch g'schâwè[28]) :
Es isch schunn gar zè schbòt ; min alt rejischter bocht,
Wenn i em essè bring diss nit genüc isch kocht[29]). —
Lüè s'Kättel kummt jez âü.

Kättel.

Was henn er dò zè schnawlè[30]) ?

Süsel.

Si reddè allewîl, wie sie wènn kerl uffgawlè[31]).

Gredel.

Nein ! 'sLissel isch bedriebt ; sîn Märdel kummt em nimm,
Denn 'sBerwel schbannt nè â.

Susel.

I gunn nè liewer imm.

Kättel.

O ! wär i in dîm hemd ! i wott die gèl-schnaik buggè[32]) !
Di wiescht gelâjeheit losst doch dè Märdel huggè[33]); —
Lòsch dü em denn niks zü[34])?

Süsel.

Jo! 's sitzt als misli schdill,
Wenn er äü dann ed wann, 's firdüech verkribblè will ³⁵).

Lissel.

Dü einfalt, das dè bischt! meinsch mè kann niks als rollè?
Was macht denn dîner z'nâcht, wenn ier erum als bollè ³⁶)?

Süsel.

Mer gèn als um dè schdock; dernô züm Vöüjel-Griff;
Wil i dert allemôl è güet glas bier andriff;
'Sletschd hawi uf'm wâj âü 'sUrschel angedroffè ³⁷).

Gredel.

Mer hett mer g'said, es sei mit sîm wieschd angeloffè ³⁸).

Kättel.

Jo! i hab âü ebbs g'hèrt; si saüè es isch g'schbickd ³⁹).

Lissel.

Sô, henksch mer doch erüs; hâ sô lang an der g'flickt!
Wenn sie ennander nurr vorm jòr g'nummè häddè,
Zè kennt der Zinkèlips jetz ball zè g'vaddrè beddè ⁴⁰).

Gredel.

Er het schunn 's fässel g'füllt; er nimmt's wenn es è mân ⁴¹).

Kättel.

O! wär i angebrennt, i nähm è hitt noch ân.
Zè wirdi è môl erlêst ⁴²).

Süsel.

Was isch mid armè frâüè ⁴³)?

Lissel.

Von sîner müeder zeihd er noch è güedè râüè,
Bìm blüet! i nähm èn âü⁴⁴).

Gredel.

Ah redd sie nit, frau bâs! ;
Meinsch dass dè nè bekämscht? er isch nit fïr dîn nâs⁴⁵).

Lissel.

Schau, wie's nit reddè kann? wie wurds erschd danzè kennè!
I derf doch nie sô lang wie dü nôch kerlè rennè.
Es isch mer nit so ernschd. Er wär mer g'schenkt zè dìer;
Wer mêcht denn? Jo! i lièf vor so aim wie vor'm fïer —
Hätt i dè Märdel nurr⁴⁶).

Süsel.

Na! machè doch ken händel!

Lissel.

Dess isch âü allewîl è-sô è cummedäntel.

Süsel.

Zè schwèjè dôvou still! — Wêr wandert jetz uff's zièl⁴⁷)?

Kättel.

Dè kummschd mer ewè rêchd, 's isch wasser uff min mièl.
Dô blîwi wärli nit; es kann kenn mâüd dô grüenè;
Meind mè mè krijd âü wìn, zè hett mer 's glas voll küenè;
Unn was noch 's närrischd isch, zè hett vor'm kinderlaschd
Mer bi ès furt è furt schier weder rüüj noch raschd.
Ball henn sie d'händ voll grind, ball mirbs in ihrè hôrè:
Mer isch ych dâü en nâchd uff dirkisch bi nè g'schôrè;
Wurd küem eins g'sund, zè n'isch schunn widder 's ander krank,
Unn wenn mer alles düet, zè hett mer 's deifels dank⁴⁸).

Gredel.

I lièss mer von der fraü nit vîl ins g'sicht nîn saüè;
Der meischder buschd si glich, i derf's em als nur klaüè [49]).

Lissel.

Mîn fraü wär mer schunn rèchd, derfd i nur, dann ed wann,
Ins Schulzè gardè âü è freid wie andri hann [50]).

Süsel.

Bi uns isch d'ganz wuch niks als wiksè, rìwè, buzzè,
Unn d'dochder rîrt niks an; ihr errwed isch nur 's muzzè [51]).

Gredel.

Botz wedder! di g'duld gieng mier b'ziddè üss [52])!

Lissel.

O! unser dôchter d'haim isch âü è sô è-güss [53]).

Kättel.

Dass i g'bliwwè bin hett mi genüh g'reijè [54]);
Mer müess, verzeih mers Godd! bi uns mêh schü verheiè [55])
Als mè 's ganz johr verdiend. Vier guldè hett mè lòn [56]).
È bièsel krìjd denn glich d'zöpfmacherè dervôn [57]).
Was koschd nit unser eins d'r püder unn bummâdè?
Mer gêd è deil-mol doch âü in dè zuckerlâdè;
Mer isch's è-so gewônt. Blid eim è sü im sack,
Zè n'isch es ewè noch blutt firr de schnupfdewack [58]).
Mäch i ken wannègeld, i wär schunn lang im beddel [59]).

Lissel.

Jez troll di nummè furt. Dîn fräü rieft — adjè, Kättel.
Gries è wenn d' zü nem kummsch [60]).

Kättel.

Botz döüssich! lêwè dâ!
Wie lauft mer 's wasser nit so kald dè buggel nâ [61])!

Gredel.

I bin hitt ganz èlein; wenn ihr genü henn g'schbunnè,
Zè kummè zü mer heim.

Kättel.

Narr! liewer kumm züem brunnè [62]).

Erklärung.

[1]) Lüè, bäurische aussprache für strassburgerisches lüij (luge,
sehe).

Da man den namen Teufel, als unheilbringend, ungern in den
mund nahm, so ersetzte man ihn durch den namen Schinder.
D'r Schinder hol's wird oft gesagt für der Teufel hol' es.
Seht was der Schinder thut ist gleichbedeutend mit: seht
was der Teufel zuwege bringt, und wird gebraucht wenn
von etwas, das einem nicht richtig scheint, die rede ist.

[2]) Drein sehn heisst eigentlich, für sich ein gesicht machen.
Hier hat es aber denselben sinn wie aussehen (für andere ein
aussehen haben).

[3]) Das wort hammel gehört zum stoffthema kap (hauen,
schneiden, hammen); daher die bedeutung von hammel (ver-
schnittener, schöps). Da aber durch abhauen und abschneiden
auch hemmung, abhaltung entsteht, so heisst ham (abhaltung)
auch verhau und zaun; und da der zaun eine umfassung oder
rand bildet, so bedeutet ham auch rand, saum (engl. hem).

Die bedeutung rand, saum, tritt in dem wort hammel, und besonders in bollhammel, hervor, womit man in Strassburg den,
bei dem herumlaufen (bollen), durch gassenkoth erzeugten
drecksaum, unten an den frauenzimmerröcken, bezeichnet.
Hier aber bedeutet hammel blos den schmutzig durchnässten
theil eines weiberrocks (s. s. 55).

⁴) 'sfirdi (das fürtuch) bedeutet das vortuch, die schürze.
Vgl. firdi-bendel (schürzenband).

⁵) Märdel ist die diminutivform, als kosewort, für Mard,
welches die abkürzung ist von Martin.

⁶) Einem einen schönen Spass machen ist, wie die redensart einen einen schönen streich spielen, der ironisch
sarkastische ausdruck für einem leichtsinnig, wie zum zeitver-
treib, eine verlegenheit oder kränkung bereiten.

⁷) Im, im Strassburger dialekt, ist nicht immer gleichbedeutend mit in ihm, sondern ist auch, wie hier, der datif von er
und es, so dass im Berwel für ihm dem Bärwel
steht.

⁸) huggè (hocken) bedeutet bukelig, einen höcker ma-
chend, zusammengekaucht, nachlässig, faul und unbequem
sitzen. Ein frauenzimmer hocken lassen heisst sie, dadurch dass
man sie verlässt, betrübt sitzen lassen, statt sie als braut fortzu-
führen.

Die form des genitifs einsmöls (eines mals, einer künftigen
zeit) ist ursprünglicher und richtiger als die gewöhnliche hochdeutsche form einstmals, wo ein substantif mit einem super-
lativen adverb zusammengekoppelt wird.

⁹) Laschderhund ist hier noch, im munde der liebenden
Lissel, ein kosendes schmähwort (s. s. 46) für Satan oder Teufel. Der ausdruck hund bezeichnet hier speziell den höllenhund, dann den Teufel als schwarzen pudel oder feurigen höllenhund (s. Faust), der der träger alles übels, jedes lasters ist.

¹⁰) nummè (nummen, für nummer) stammt von älterm n-ia-
mêr (nicht je-mehr), welches eigentlich die bedeutung von
nimmer mehr (nicht fürder mehr) hat. Da aber der ausdruck
nimmer-mehr das zukünftige ausschliesst, somit den begriff blos
auf den gegenwärtigen augenblick einschränkt, so hat es auch
die bedeutung von n u n und n u r, der zeit und dem raume nach,
angenommen. Lüè nummè heisst also sieh n u n, oder sieh n u r.

¹¹) dert ist die bäuerische, plebejische form für das städtische
vornehmere dort; es bezeichnet, für den kenner, die herkunft
der person die sich dieser form bedient.

¹²) Liebster war ursprünglich nichts als das superlative adjectif, als substantif gebraucht, von lieber. Es wurde aber später
nicht mehr als superlatif gefühlt, sondern als eine eigene wort-
form betrachtet. Deswegen sagt man dè liebschder, statt, regelmässig, dè liebschdè (den liebsten).

In Strassburg spricht man mâlè für mahlen, und môlè für
malen aus. Es gab eine alte redensart einem etwas mahlen,
um zu sagen einem etwas, wie mit der zaubermühle, herzau-
bern. Der Strassburger hätte also dafür sagen sollen eim ebbs
mâlè. Aber, aus missverständniss, glaubte man dass die redensart, einem etwas mahlen, bedeute einem etwas vormalen, im
sinn von ihm nur das bild, den schein vorgauckeln, nicht die
sache selbst in realität vorführen. Deswegen gewöhnte man sich
statt: mer mâld der ebbs, zu sagen: mer môld der ebbs.
Auch hier hat der ausdruck d'liebschder môlè nicht, wie er
sollte, den sinn von, die liebster blos im bilde vorspiegeln oder
hinmalen, sondern, aus alter erinnerung der ursprünglichen bedeutung von mahlen, bedeutet er, der grammatischen form zum
trotz, die liebsten, wie durch die zaubermühle, magisch herbei
mahlen, oder zauberisch herbei schaffen.

¹³) Dummelè (dümmlein, kleiner dummer), die diminutifform von dumm, ist hier, wie oft (s. s. 47), ein liebkosendes

schmähwort, wodurch man zwar der person, von der man es
aussagt, nicht geradezu ein compliment wegen ihres verstandes
macht, aber doch immer sie, mit wohlwollen, nur als aus irrthum
und ungeschicklichkeit sich verfehlend, bezeichnen will. Man
sieht hieraus dass volksgespräche und volksliteratur viel öfterer
und reichlicher als die steifen regelrechten ausdrucksweisen der
höhern litteratur, zu solchen feinern psychologischen studien anlass geben.

¹⁴) gradè wàis ist dorische oder bäurische aussprache für
das ionisch-feinere oder städtisch ausgesprochene gradè wäjs
(geraden wegs, gerade zu).

¹⁵) Da ursprünglich langes â, wie in gedacht (für älteres ge-
dächt, statt gedenkt), leicht in ô sich umsetzt, so ist die dialektische form gedòcht, phonisch und grammatisch, ganz richtig;
sie ist aber doch eine plebejerform geblieben, wofür der feinere
Strassburger, nach alter allemannischer form, gedänkt ausspricht.

¹⁶) Schmutz (kuss) ist die dialektische Strassburger form für
süddeutsches schmatz. Schmatz, von schmecken abzuleiten,
bedeutet, ursprünglich, das mit den lippen und dem gaumen gemachte geräusch, wenn man eine speise oder einen trunk längere zeit im munde behält und bewegt, um deren geschmack
zur probe, oder aus genusssucht als feinschmecker, so viel als
möglich herauszuschmecken. Da nun der laut gegebene kuss (in
Strassburg auch kracher, krächerlè genannt) mit dem genuss
und dem geräusch von etwas geschmecktem analogie hat, so
wird er auch durch das gut bezeichnende wort schmatz oder
schmutz ausgedrückt.

¹⁷) lez, vom ältern laz (fr. las; lat. lassus), bedeutet, ursprünglich, träge, lässig, langsam. Da das träge für schwächer
gilt als das kräftig rasche, so bekam lez auch de bedeutung
schwach. Da ferner die rechte hand die kräftigere, geschick-

tere, im gegensatz zur linken als der schwächeren, ungeschickteren, benannt wurde, so bekam lez auch die bedeutung von linkisch, und dadurch auch von unrichtig, verkehrt. Diesem nach heisst lez gedôcht so viel als falsch gedacht, oder unrichtig gehofft.

¹⁸) der zoddel (zottel) bezeichnet, eigentlich, die ungekämmte, unordentlich herabhängende haarflocke, dann metaphorisch eine nachlässig gekleidete, schlampige weibsperson. In diesem sinn ist das wort in Strassburg, gewöhnlich als feminin, die zottel, gebraucht.

¹⁹) aldè ablè. Das femininum abl ist ein ungebräuchlicher, dunkler, bis jetzt unerklärt gebliebener ausdruck. Ich erkläre es als aus dem altdeutschen alba, durch transposition, entstanden. Alba war ursprünglich der name für Elbin; später bezeichnete es die, in gestalt einer heuschrecke oder cicade, sich zeigende elbin, zauberin, oder hexe; aldè ablè hat hier also den sinn von alte hexen.

²⁰) bablè. In allen sprachen sind die, aus lippenbuchstaben (p, b, v), bestehenden wörter die ältesten, weil diese am leichtesten, selbst von kindern, die noch keine zähne haben, ausgesprochen werden können. Da, in den ersten zeiten, die naturvölker noch keine bestimmte, spezielle begriffe von den zu bezeichnenden gegenständen haben, so bezeichneten sie mit solchen labialwörtern alles mögliche, was sie zu benennen hatten (s. Résumé d'études d'ontologie et de linguistique générale, p. 225, 241). Weil nun ursprünglich die labialwörter beim sprechen so häufig angewandt wurden, so bezeichnete gleichfalls ein solches das sprechen, reden, plaudern überhaupt. Deswegen hat man, vom allgemeinen wort bab (gesprochener laut) das diminutive verbum bablè abgeleitet, im sinn von: wie ein kind undeutlich und unbesonnen reden, und dann, überhaupt, schwatzen, plaudern.

²¹) Retsch ist verwandt mit rassel, und bedeutet, wie dieses,
die schnarre oder klapper (fr. crécelle), welche die kinder in
Strassburg, besonders zur weihnachtszeit, überall ertönen lassen.
Metaphorisch bezeichnet das wort retsch die redselige person,
die, zur zeit und unzeit, immerfort schnarrend plaudert, und
daher auch vieles, mehr als passend wäre, ausplaudert. Deswegen hat man von retsch in diesem sinn genommen, die zeit-
wörter retschè (wie eine retsche ausplaudern), und üsretschè
oder verretschè (alles überall ausplaudern) gebildet.

²²) Als Lissel im begriff ist, von dem schnöden benehmen
Märdels gegen sie zu sprechen, so wird sie von Süsel unter-
brochen, welche ihr zu schweigen räth, da sie vermuthet, die
Gredel würde, zum leidwesen der Lissel, dem verräther, wie sie
sagt, die stange halten. Diese redensart, einem die stange
halten, scheint daraus entstanden, dass stange, als theil, für
standarte, als ganzes, gebraucht wurde, so dass einem die standarte halten natürlich aussagt, dass man der fahnenträger eines
ist, zu seiner partei gehört, und also für ihn einzustehen sich
verpflichtet hält. Später mag es vielleicht auch sitte gewesen
sein, dass, bei einem duell, die freunde der kämpfenden, an ihrer
seite, die standarten oder stangen derselben hielten, so dass eines
stange halten gleichbedeutend wurde mit, der sekundant, der
vertheidiger, der parteigänger eines sein.

²³) Da Lissel hier sagt, dass ihr Martin nun stets beim Schni-
der-Bärwel (Barbara Schneider) drowe (droben) sitzt, so ist
anzunehmen, dass die ältern der Bärwel im obern stockwerk
desselben hauses wohnten, in dem Lissel dienstmädchen war.

²⁴) Gredel, von gemeiner gesinnung, aber von praktischem verstand, räth der Lissel, um ihren liebhaber stets bei sich zu be-
halten, es zu machen wie sie, und sich den knecht im hause zum
liebster zu wählen. Als verführerischer Satanas der Lissel möchte
Gredel gerne dieser, wenn es die zeit erlaubte, noch bestimmte

praktische anweisungen in der ars amandi ertheilen, indem sie
sagt: i sîj (bäuerisch, für säj) dir gern noch ebbs. Die form
i sîj oder säj ist entstanden aus I sægi (ich würde sagen, ich
sagte), welches, seinerseits, an die stelle der ältern vollständigern
form sägdidi getreten ist. — Ebbes hat sich, regelmässig, aus
edwes, edbes, etwas, gebildet.

[25]) Lissel ist ein (so viel die umstände es mit sich bringen)
unverdorbenes mädchen, das den Märdel, über einem andern
liebhaber, nicht leichtsinnig vergessen könnte. Sie ist in liebe zu
diesem verzehrt, oder wie sie sagt, sie möchte den narren
vor liebe fressen, das heisst ganz in sich aufnehmen. Wiewohl narr hier wie oben herzier narr (s. s. 30), als kosendes
schmähwort, eine gefällige person, oder einen angenehmen gegenstand bezeichnet, so hat dieses wort auch noch anderwärts
den sinn von bethört, bezaubert. Daher die redensart an
einem den narren fressen (an einem, dadurch dass man
ihn aus liebe fressen möchte, zum thoren oder narren werden).

[26]) Den reinen ist alles rein, und deswegen erzählt die unver-
dorbene Lissel, in ihrer unbefangenen naivetät, wie ihr liebhaber
so artig spielt, dass heisst mit ihr so artige spässe und liebesbezeugungen vornimmt, und, mit seiner kalten hand, oftmals unter
ihrem halstuch liebkosend wühlt.

[27]) Was Lissel, in unschuld, soeben erzählt, scheint der Süsel,
die in liebesmanœuvres bewanderter ist, nicht so unverfänglich
und so rein unschuldig zu sein. Deshalb, das gesagte als ein
schmutziges geständniss der Lissel auffassend, apostrophirt sie
dieselbe als è wieschdi hex (hässliche, unzüchtige person),
und gebietet ihr derlei skandal nicht auszuplaudern. Sie findet
dass Lissel in liebesangelegenheiten überhaupt ganz unerfahren,
ungeschickt, und so ganz ohne verstand sich benimmt, wie ein
todter körper oder kadaver, den man zu grabe tragen muss.
Um auszudrücken dass jemand in einer sache ganz untauglich

und fürs leben nunmehr ganz unbrauchbar sei, sagt man, im
volke öfters, lass dich begraben!

²⁸) Die gemüse, welche mit dem fleisch gekocht werden, um
die suppe zu bereiten, heissen suppèdings (sachen zur suppe).
Wenn, bei diesen gemüsen, gelbrüben und dergleichen sind, so
müssen diese vorher gereinigt und geschaben werden.

²⁹) Wenn Süsel, wie sie es hier thut, statt die speisen bei zeiten
zum feuer zu bringen, durch schwatzen, die zeit verliert, und
deshalb das essen, zur mittagstunde nicht gehörig gekocht, auf
den tisch bringt, so bocht (s. s. 35) ihre hausfrau. Süsel nennt
diese hausfrau mîn alt rejischder, im sinn von altem aus-
gespieltem, falsch tönendem, kreischendem und gleichsam kei-
fendem orgelzug oder register.

³⁰) Schnawlè (schnabeln), mit dem schnabel (für mund
gebraucht) vorlaut, unbesonnen, unmässig viel schwatzen.

³¹) Wenn steht für weln (wollen). Kerl bezeichnet hier
junge bursche als liebhaber, wie bei Gœthe : « wie lange hat sie
an dem kerl gehangen» (Faust, brunnengespräch).

Uffgawlè (aufgabeln) hat hier den sinn von ausfindig machen, auftreiben, herausfischen, wie man, mit einer gabel,
schwimmende speisen in einer schüssel, aufgabelt.

³²) Die gêlschnaik bugge. — Einè bugge heisst einen
niederbeugen, hinunterdrücken, ihn ducken, ihm den übermuth
nehmen.

Schnaik, noch erhalten in der composition (s. s. 35) gêlschnaik, bedeutete, ursprünglich, die nase als geruch- und spür-
organ. Davon ist das zeitwort schnaikè, üsschnaikè (aus-
schnüffeln, ausspüren) abgeleitet, und in häufigem gebrauch.
Gêlschnaik (gelbnase, bleichnase) könnte wie gelbschnabel
(fr. blanc bec) den jungen vogel, mit fahlgelbem schnabel, bezeichnen, der für das sinnbild der dummen naseweisigkeit (fr.
niaiserie) gilt. Hier bedeutet aber gêlschnaik eher, so wie das

altnordische ne ffölr (nasenfahler, nasenbleicher), eine bleiche,
kränklich aussehende person, bei der die bleiche nase, wie bei
einem leichnam, stark hervorsticht. Der beweiss dass gêlschnaik (bleichnase) den sinn von cadaverös hat, liegt darin
dass gêlschnaikêgt und abgekürzt schnaikêgt, in Strassburg, das blasse, kränkliche, cadaveröse aussehen bezeichnet.

33) Kättel braucht von der Barbara Schneider den höchst ver-
ächtlichen ausdruck die wieschd geläjeheit (die wüste oder
hässliche gelegenheit), für dessen erklärung ich mir hier, von
den sittigen leserinnen, mit der erlaubniss zugleich auch die
entschuldigung dafür, ausbitte. — Geläjeheit ist die dorisch
bäurische form für das feinere, städtische geläjeheit. Gelegenheit (günstiger, bequemer ort, veranlassung) bezeichnete auch
allgemein den ort (lat. locus) zum abtreten, den abort, den
abtritt, oder das, was man, im mittelalterlichen Strassburg, eu-
phemistisch, ironisch das sprôchhûs (sprechhaus, rathhaus,
parlament) nannte. Später nahm man wahrscheinlich auch öfters
den ausdruck gelegenheit im sinn von veranlassung oder
bequemlichkeit zum abtreten (fr. commodité).

34) Kättel, gemein wie sie ist, hat den liebschaftsrummel los,
und weiss aus erfahrung dass, um gewisse liebhaber zu fesseln,
ihnen, von weiblicher seite, manches bisweilen zugelassen werden muss. Deswegen frägt sie, unverschämt, die Lissel ob sie
denn dem Märdel gar nichts zugelassen habe.

35) Da auf die unverschämte frage der Kättel, die Lissel, ihrer
reinen, unschuldigen liebe sich bewusst, nicht zu antworten der
mühe werth hält, so ergreift die Süsel, vorwitzig, das wort, und
verdächtigt, leichsinnigerweise, die Lissel, als sässe sie bisweilen
(als) ganz ruhig (mäuschenstill), wenn der Märdel, dann und
wann, in unkeuscher berührung, ihre schürze verknittern will.

36) Auf Süsels leichtfertig angebrachte beschuldigung, antwortet Lissel mit würdevoller jungfräulichkeit, indem sie, ihrerseits,

an Süsel die frage stellt, ob sie denn wjrklich glaube dass liebende nichts anders thun können, wenn sie bei einander sind,
als rollen.

Rollen (fr. rouler) ist ein volksthümlicher, gemeiner ausdruck
um das unzüchtige herumfahren und herumliegen zu bezeichnen,
gleich einem kator (roller) mit den brünstigen miezchen. Lissel,
von der selbsvertheidigung zum angriff geschickt übergehend,
beschämt, zürnend, die vorwitzige Süsel, durch die frage ob denn
sie, des nachts, nichts anders thut als rollen, wenn sie mit ihrem liebhaber herumbollt.

Das wort bull, boll (aufgeblähtes, knolliges, rundes) gehört
zur wortsippe blah (blähen), wovon das lat. bulla, und das
französische wort boule stammt. Das zeitwort bollen (rollen,
herumfahren) bezeichnet, in Strassburg, das leichtfertige, nachlässige herumlaufen; deswegen ist auch bollhammel die durch
herumlaufen im gassenkoth gewonnene dreckkante (s. s. 47).

[37]) Die Süsel, gezwungen der Lissel rede zu stehen, über das
was sie des abends mit ihrem liebhaber anstelle, sagt nur, dass
sie beide mit einander, gewöhnlich (als), um den stock gehen.
Stock bezeichnet hier die zusammenhängende häusergruppe,
die, wie eine insel, durch die sie einschliessenden gassen (durch-
gänge) gebildet wird. Da Süsel, mit ihren dienstcolleginnen, auf
dem Rossmarkt (Meissengasse) wohnt, so ist der grössere stock,
um den sie, mit dem liebhaber, des abends geht, die häusergruppe welche durch die Blauwolkengasse, den ehemahligen
Steinstrassgraben, und den alten weinmarkt, gebildet ist. In der
gasse zum alten weinmarkt lag, wie noch heute, das bierhaus
zum Vogelgreif, wo der liebster seine geliebte mit einem glas
bier zu regaliren pflegte. Um weitere erkundigungen über ihre
nächtlichen excurse von sich abzulenken, und das gespräch auf
anderes zu bringen, erzählt Süsel dass sie letzthin, auf dem weg,
auch die Ursul angetroffen habe.

Die ausdrücke, im munde der Süsel, dert (für dort), und
uſm wâj (für uſm wäj) verrathen die bäurische herkunft dieses
dienstmädchens.

38) Frauenzimmer, besonders dienstmädchen, welche immer
à l'affût et au courant der. neuigkeiten sind, wissen auch stets be-
scheid betreffs aller personalgeschichten der chronique scanda-
leuse. So wie, in Gœthe's Faust, die Lieschen bereits weiss welch
unglück der armen Bärbelchen passirt ist, so weiss auch schon,
hier, die Gredel, dass die Urschel mit ihrem liebhaber wieschd
angeloffè (schlecht gefahren, übel angekommen) sei.

39) Die Kättel will schon über die unglückliche Urschel etwas
mehr wissen und sagen als die Gredel. Was dort, im Faust,
Lieschen, verblümter weise, über Bärbelchen andeutet:

Es stinkt!
Sie füttert zwei wenn sie nun isst und trinkt,

das sagt hier Kättel von der Urschel, in einem gleichfalls ver-
blümten aber gemeinerem bilde, das, hier, wie bei derlei ausdrücken gewöhnlich geschieht, nach zwei seiten hin schielt und
anspielt; denn der ausdruck gespickt sagt zugleich aus dass
das verführte mädchen mit etwas, gleich einem gespickten,
strotzenden geldbeutel, reichlich versehen sei, und dass sie, wie
mit der spicknadel, nebenbei empfindlich angestochen worden.

40) Statt über das unglück der gefallnen Urschel, wie die andern, höhnisch und pharisäisch zu urtheln, zeigt die Lissel ihr
gutes herz dadurch dass sie dies unglück, dem sie hatte vorbeu-
gen wollen, tief beklagt. Sie hatte lange zeit gesucht den riss
am schicksal der Urschel auszubessern, oder wie sie sagt zu
flicken; aber jetzt kommt das was sie verhindern wollte,
dennoch zum vorschein. Dieses fatale hervortreten des lange be-
schwornen schicksals drückt Lissel durch die gewöhnliche
redensart aus: so henksch mer doch erüs!. Derlei re-

densarten haben offenbar eine geschichtliche, manchmal sogar eine mythologische, veranlassung gehabt. Die Edda erzählt dass Thôr, im frühling aus Iötunheim zurückkehrend, den Orvendill (das symbol des winterlichen fruchtkeims), um ihn vor dem erfrieren zu schützen, in seinem proviantkorb nach Mannheim getragen habe, dass aber der vorwitzige Orvendill, unbekümmert um die kalten nächte des frühjahrs, welche die aufkeimenden saaten gefährden, unvorsichtig seine zehen aus dem korb heraus streckte, so dass sie erfroren. Thôr konnte zu Orvendill sagen: ich sorgte für dich und trug dich im korb, nun hängst du mir dennoch da heraus! Vielleicht hat diese, oder wenigstens eine ähnliche geschichte, veranlassung gegeben zu der redensart: so henksch mer doch erüs!

Lissel fügt mit bedauern hinzu dass wenn, wie sie es gewünscht, voriges jahr Ursel sich mit Lipsius Zink verheirathet hätte, nach diesem, die unglückselige geschichte sich nicht zugetragen hätte, und nun der Zinkèlips und seine frau, als richtige eheleute, jetzt bald könnten, für eine kindtaufe, zu gevattern bitten. — Ich kann mich nicht entschliessen Zinkèlips als einen spottnamen anzusehen. Allerdings bedeutet Lips eine person mit hängenden dicken lippen; aber gewöhnlich ist Lips die abgekürzte form für Philipp. Was sollte Zinkèlips als spottname bedeuten? Als eigentlicher, wiewohl hier fictiver name, heisst der Zinkèlips, der Philipp oder Lips der familie Zink oder Zinke. Lissel will durchaus hier nicht spotten über diesen menschen.

[41]) Spöttische naturen können es nicht unterlassen, selbst über unglücksfälle ihre lieblosen witze loszulegen. Deswegen sagt Gredel, der Zinkèlips hat schon sein fass gefüllt, er heirathet die Urschel wenn sie ihn nehmen will. Sie sagt dieses, witzelnd, mit anspielung, einerseits, auf den kindtaufschmauss, zu dem man das fässchen mit wein für die gäste zum voraus schon gefüllt hält, und, anderseits, anspielend auf den schwan-

gern zustand der armen Urschel, die einem gefüllten gefäss gleich
sieht.

⁴²) Die heirathslustige Kättel sagt, dass wenn sie in der lage
der Urschel wäre (angebrennt, anrüchig), sie den Zinkèlips sogleich heute noch heirathen würde, damit sie aus ihrem unglück
heraus käme.

⁴³) Die mehr kluge obgleich vorwitzige Süsel sagt, sie hätte
bedenken, sich mit einem armen kerl wie der Zinkèlips zu verheirathen; denn was ist das für ein loos arm und verheirathet
zu sein?

⁴⁴) Die gewissenhafte, honnette Lissel, ˙davon ausgehend dass
schande schwerer zu ertragen als armuth, sagt dass, für wahr!
(bei Christi blut, s. s. 20) sie den Lips auch heirathen
würde, vorausgesetzt, wie sie es verschweigend denkt, dass sie
in der lage der Urschel wäre. Zudem, fügt sie hinzu, ist der
Zinkèlips nicht so arm ; er erbt noch bedeutendes von seiner
mutter, oder wie sie sagt, er zieht von dieser noch è güedè
raüè. Raüè (rauen) ist das deutsche rogen (für älteres frogen,
hrogen, eierstock der weiblichen fische). Dieses wort, dessen
ursprung noch niemand erklärt, bedeutet eigentlich zerbrö-
seltes, kornartiges ; es bezeichnet somit die samenkörner, die
aussaat (norr. freo), die frucht (lat. fructus), und endlich den,
den samenkörnern ähnlichen, eierstock der fische (fr. frai). Da die
frucht das ist was man geniesst oder verbraucht (lat. frui), so
bedeutet rogen, rauen (fr. rogues) auch, metaphorisch, den
vortheil, den gewinn. Daher bedeutet die redensart einen
guten rogen ziehen, so viel wie einen gewinn erhalten.

⁴⁵) Gredel, die sich hoffnung machte dass der Zinkèlips sie
heirathen könnte, fasst die worte der Lissel so auf, als
denke auch sie an diese heirath, um somit in den rang einer
frau oder dame hinaufzusteigen. Deswegen, sie anredend, betitelt
sie dieselbe als frau bâs, und gebietet ihr, neidisch und höhnisch,

zu schweigen, da sie sich nicht einfallen lassen dürfe, den Zinkèlips zum mann zu bekommen ; dieser sei nicht für ihre nase.
Diese redensart für die nase eines sein ist folgendermassen
zu erklären : Personen dachte man sich, im alterthum, als seelen, oder lebende, athmende wesen. Das organ des athems, die
nase, galt deswegen als das symbol und somit als die bezeichnung
der person. So sagte man, im altenglischen, to count noses (die
nasen zählen), für die seelen zählen. In Schweden bezahlte jede
nase (seele, person) dem Odin einen pfennig als personentaxe
(nef gildi, nasengeld). Die redensart : das ist nicht für deine
nase, bedeutet also : das ist nicht für eine person wie du bist.

⁴⁶) Die Lissel die, bei all ihrer gutmüthigkeit, sich nicht auf
die füsse treten lässt, fühlt sich, durch die abschätzende sprache
der Gredel, höchst beleidigt, und antwortet ihr im selben spötti-
schen, ironischen ton, man sollte meinen, Gredel, aus dummheit,
könnte nicht reden, aber schaut! wie es nicht reden kann!;
und wie wird es sich aber erst hervorthun, wenn es sich in
dingen zu produciren hat, auf die es sich besonders etwas zu
gute thun darf. Diese ironie drückt sie, kurz und bündig, durch
die redensart aus : schau wie's nit reddè kann! wie
wurd's erschd danzè könnè? Diese redensart ist wahrscheinlich entlehnt vom tanzbären in der fabel. Der plumpe bär rühmte
sich er könne sprechen wie ein mensch, und fing an zu brum-
men. Da sagte man: schaut! wie er trefflich reden kann; wie
wird er erst graciös tanzen können!. Im selbstgefühl ihrer jugend und liebenswürdigkeit vergleicht sich die Lissel mit der
älteren Gredel, und sagt ihr gerade zu : ich werde nicht nöthig
haben so lange zeit, wie du, liebhabern (kerlè, s. s. 53) nachzu-
jagen. Dann gibt sie ihr zu verstehen, dass sie gar nicht, im ent-
ferntsten, daran denke einen menschen, der wie der Zinkèlips die
Urschel verführt hat, zu heirathen ; sie, für sich, wünsche nur
den Märdel wieder gewinnen zu können.

⁴⁷) Süsel sucht den wortstreit zwischen Lissel und Gredel beizulegen, und nachdem Lissel ihr aufbrausen damit entschuldigt dass Gredel die gewohnheit habe überall das cummedäntel (kleiner commandant) oder, wie man, in Strassburg, gewöhnlicher sagt, den meister hans zu spielen, heisst Süsel beide nun schweigen, und bringt die rede auf einen andern gegenstand, in dem sie die mädchen, ihre colleginnen, frägt welche unter ihnen ûff's ziel (auf die nächste abgangszeit) wandern werde, das heisst, aus einer herrschaft zur andern wandern, oder in einen neuen dienst eintreten werde.

⁴⁸) Der redegegenstand des wanderns kommt der Kättel gerade recht, und ist wasser auf ihre mühle, denn sie will nicht bei ihrer jetzigen herrschaft bleiben; sie behauptet dâ (in diesem hause) könne keine magd grünen (spriessen, gedeihen, prosperiren). Wenn man meint, sagt sie, man bekomme trinkbaren wein, so ist das glas voll kuenè (kahn); das närrischd (gefälligste s. s. 30) von allem ist, dass, wegen der beschwerlichen menge kinder im haus, man nie zur ruhe kommt: bald haben diese grindige hände, bald mirbs (mürbes), das heisst griesigen, trockenen, bröckligen ausschlag auf dem kopf, so dass man tag und nacht, auf dirkisch (auf türkische, barbarische, grausame weise), schererei hat. Zu dem, wenn man auch alles mögliche gethan habe, so bekomme man des teufels dank, oder danke einem der herr wirth (s. S'Erschd Blogadè-g'schbräch).

⁴⁹) Die schon ältliche Gredel, die mit dem jungen knecht im hause gut steht, gedenkt nicht, wie die Kättel, die herrschaft zu quittiren; sie sei aber, sagt sie, nicht aufgelegt sich von der frau etwas unangenehmes sagen zu lassen: sie habe einen rückhalt am herrn, der, wenn sie bei ihm über die hausfrau klage führt, diese sogleich buscht (mit dem busch oder besen abkehrt; norr. buska) und buggt (niederbeugt, s. s. 53).

⁵⁰) Die gute Lissel hat nichts zu klagen ; ihr wäre die hausfrau

schon recht, wenn sie selbst nur, wie andere mädchen, in Schulzes öffentlichem garten, bisweilen, mit ihrem liebhaber, ein christliches tänzchen vornehmen könnte.

[51]) Süsel klagt über die, in ihrer haushaltung, ununterbrochene, schwere arbeit: da komme, die ganze woche, nichts vor als möbel wichsen, fussboden scheuern, küchengeschirr reinigen. Die tochter des hauses rühre nichts an in der haushaltung, ihre arbeit ist bloss nur s'muzze (das sich schmücken); trefflicher ausdruck! und leider! bei so vielen frauenzimmern von zutreffender wahrheit! — s'muzze (das mutzen) heisst, eigentlich, das unreine, den schmutz (mut, muck) entfernen, dann, reinigen und verschönern, endlich, aus schmücken.

[52]) Um die entschlossene, kurzaufgebundene, zu spielen, sagt die Gredel, in bezug auf die klage der Lissel, dass, bei solchem zustande, ihre geduld bald ausgienge, und sie die herrschaft quittiren würde.

[53]) Die geduldigere Lissel erwiedert dass sie ähnliches wie Süsel, ohne sich zu beschweren, gleichfalls ertragen müsse. Die tochter ihres hauses sei auch so ein güss (guss, in ein model gegossenes, art, gestalt), das heisst ein derartiges wesen. Güss ist die plebejische aussprache für guss; so sagt, zum beispiel, das volk, der Rüss' für der Russe; harter schlüss für harter schluss (schicksalsschluss), etc.

[54]) Man sagt, im Elsass, gereien für gereut. Die vergangene participialform auf en ist älter, und daher bei den starken verben gebräuchlich; die auf t ist jünger, und daher ausschliesslich bei schwachen verben angewandt.

[55]) verheien steht für ursprünglicheres ver-keien. Keien heisst stossen, werfen, und fallen. In Strassburg sagt man keien, für hart hinfallen, und es keit mich, für es plagt mich. Verkeien, und jetzt gebräuchlicheres verheien, heisst eigentlich etwas durch hinwerfen, oder fallen lassen, verbrechen, oder

verderben. Dies wort kann also nur abusive auf schuhe angewandt werden; man sagt, besser und allgemeiner, schü ver-
rissè (verreissen).

[56]) Die Kättel war aus einem theil des Elsasses wo man noch
nach deutschen Gulden rechnete. In Strassburg nannte man
ein jedes grössere silberstück è dàler (thaler). Man sprach von
grossè dàler, im werth von sechs livres, und von kleinè dàler, im werth von drei livres. Noch heute sagt das volk 5-fran-
kèdàler, für 5-frankenstück. Deutschland, dessen münzsorten
von jeher unbequem waren, hätte, in unsern tagen, verständiger
gehandelt, wenn es 50 fr.-, 25 fr.-, 15 fr.-stücke in gold, und
5 fr.-, 2 1/2 fr.-, 1 fr.- und 1/2 fr.-stücke in silber, hätte prägen
lassen. Der name frank wäre der passendste gewesen, da er ja
echtdeutsch ist (s. *Origine et signification du nom de franc.*
Strasbourg 1866).

Vor der Revolution bekam, in Strassburg, ein dienstmädchen,
die zugleich köchin war, in guten häusern, zum vierteljährli-
chen lohn, durchschnittlich 8 livres; heutzutage erhält eine solche 50 bis 60 francs.

[57]) Die mädchen vom land, die haarflechten (zöpfe) trugen,
liessen sich, sonntags, ihre haartressen von zöpfmacherinnen zu-
recht machen. Die stadtfrauen, die keine zöpfe, wohl aber einen
untergebundenen zopf trugen, liessen sich täglich von den
zopfmacherè frisiren. Die mägde gaben vierteljährig für das
zöpfemachen ein bièsel (piècette). Bièsel ist das diminutif vom
französischen pièce. Vielleicht hat der sogenannte busch
(scheidemünze von 4 hellern), in Aachen, einen ähnlichen Ursprung. Das bièsel war die hälfte vom sechsschillier, betrug
also drei schillinge, oder (da der schilling 4 sous galt) 12 sous.

[58]) Die Kättel hat, wie man sieht, die, für eine köchin durchaus unzulässige, gewohnheit taback zu schnupfen. Vielleicht
kommt es, mit der zeit, auch noch dahin dass die mägde, gleich

den hausknechten, und wie die frisischen frauenzimmer, in der küche. ihr pfeifchen oder ihre cigarette rauchen.

[59]) Die auslagen für die verschiedenen bedürfnisse der Kättel sind so mannichfaltig, dass, wie sie offen und ohne scheu gesteht, wenn sie sich nicht erlauben würde wannègeld zu machen, sie schon lang betteln gehen müsste. In Strassburg nennt man wannègeld (korbgeld) was anderswo, in Deutschland, schnitt, schwenzelpfennig, und, in Frankreich, grivelée, oder l'anse du panier heisst. Es besteht darin, dass man der herrschaft mehr anrechnet, als man für die ankäufe zur haushaltung bezahlt hat. Vor dem wahren moralischen gewissen ist vieles ein reeller diebstahl, was das gesetzbuch weder so betrachtet, noch so benennt. Deswegen sieht man, in vielen hohen und niedern verwaltungen aller herrenländer, nur allzu oft das vornehme und niedrige diebsgesindel, ohne scheu, ohne scham, und als selbstverständlich, auf ihre art, so wie gewisse köchinnen, auf die ihrige, wannengeld machen, oder leihkauf (fr. pot de vin) sich geheim oder frech ausbedingen. «Exempla prostant et sunt odiosa.»

mæch (ich mächte, für ich würde machen) ist gebildet wie süj (ich würde sagen, s. s. 52), etc. Diese formen sind aber aus mæchd, sæjd, etc., und diese, ihrerseits, wahrscheinlich aus noch (manchmal gebräuchlichen) ältern formen mæchdidi, sæjdidi, etc., entstanden.

[60]) Von allen am brunnen schwazenden mägden hört die achtsame Lissel, zuerst, die frau der Kättel dieser rufen. Sie benutzt diesen anlass, um dem colloquium am brunnen ein ende zu machen. Deswegen verabscheidet sie die Kättel von sich, indem sie sie grüssend entlässt, und ihr auch noch einen gruss an ihren liebhaber aufträgt.

nummè ist entstanden aus nummê (nun mehr, s. s. 48).

[61]) Aus unvorsichtiger eile und hast, indem sie den kübel sich

auf den kopf setzt, schüttet sich die Kättel wasser in den nacken,
so dass es ihr kalt den rücken hinabläuft, und sie halb klagend,
halb fluchend, aufschreit : botz döüsich! lèwèdâ!. Da ein
christlich volk nicht schwören und fluchen soll, so entstellt es,
geflissentlich und glimpflich, die schwör- und fluchwörter. Botz!
ist gebraucht statt des ältern Gotts donner. Döüssich! steht
für tausend wetter (fr. mille tonnerres), oder tausend sakra-
mente. Lewèdâ! ist entstanden aus lewesdâ (lebenstag), welches
fröhlichen lebenstag, festtag, hochzeit, saus und braus, heiden-
lärm, krawall, hier aber, unangenehmer vorfall, unfall, bedeutet.

   [62]) Die mägde hatten, nach Strassburgerbrauch, nach dem nacht-
essen, eine zeitlang am spinnrad zu spinnen. Hatten sie ihr vor-
geschriebenes quantum gehörig abgesponnen, so waren sie, für
den rest des abends, frei, und konnten sich besuche abstatten.
Gredel, die wahrscheinlich, an diesem abend, die gesellschaft des
hausknechts nicht geniessen konnte, und allein war, lädt die andern mädchen ein, zum feierabend, zu ihr zu kommen. Da aber
die mägde lieber auf der strasse, unter Gottes freiem himmel,
plaudern, und das schöne geschlecht gewöhnlich sich, in einem
male, nicht sattsam auszuplaudern vermag, so zieht die Kättel
vor, ihre colleginnen, auf den abend, zum frischen colloquium,
wieder am brunnen versammelt, anzutreffen.

III.

'sBaradèblatz-gschbräch.

Ernsthaftes dabey doch lustiges Gespräch zwischen zweyen Strassburger Frau Baasen als Frauen Urschel und Frau Salme. — Strassburg, zu finden im Pauschingerischen Laden unter der kleinen Gewerbslaub.

1. Vorwort.

Das gespräch, dessen verfasser und datum unbenannt sind, stammt aus der zeit kurz vor der Revolution, als noch das bataillon Nassauer, wahrscheinlich unter dem commando des berühmten Prinzen Otho von Nassau-Siegen, hier, in französischem dienste, in garnison lag. Damals hatte sich französische art und mode, mehr noch als französische sprache, unter der Strassburger bürgerschaft, verbreitet, so dass, in dieser beziehung, ein grosser abstand zwischen damals und vormals sich fühlbar machte. Der verfasser nimmt hiervon anlass, um, in seinem gespräch, den widerspruch hervorzuheben, in den besonders das schöne geschlecht verfällt, dadurch dass es über den eingerissenen luxus klagt, aber doch für denselben persönlich eingenommen ist, und die jungen männer abschätzend beurtheilt, die nicht die feinen modischen herren spielen, sondern mehr auf das innere als auf das äussere achten. Offenbar hat der verfasser einen speziellen historischen fall im auge, den er zu einer glanzstelle in sei-

5

nem gespräch macht (s. s. 27), und der vielleicht gar die haupt-
veranlassung mit war, warum er überhaupt dieses gespräch verfasste (s. s. 5). Denn alles übrige in demselben bezieht sich
nur auf die, den Fraubasen eigenthümliche, plaudersucht.

Während die beiden obigen gespräche als vertrauliche (s. s. 9)
bezeichnet sind, wird diess gespräch ein ernsthaftes, dabei doch
lustiges genannt, was aussagen soll, dass es zwar ernstlich,
nicht spasshaft von den sprechenden gemeint ist, aber dennoch
für den leser komisch, unterhaltend, und belustigend sein mag.
Die beiden Strassburger Fraubasen tragen die verdeckten (s.
s. 5), erdichteten namen Urschel (s. s. 10) und Salme. Die
druckerei und das datum des druckes sind nicht angegeben, sondern nur der verkaufsladen von Pauschinger, unter der kleinen
Gewerbslaub.

Im Mittelalter hatten die adelichen häuser in Strassburg, wie
anderswo, meistentheils unter sich eine bedeckte halle, oder be-
deckten durchgang, aus dem man in das obere stockwerk gelangte.
Solche lauben, unter den gemeindehäusern, dienten wie noch
heute, an vielen kleinern orten, zu marktplätzen, und wurden
auch zu diesem zwecke, um das rathhaus herum, unter den be-
nachbarten häusern angebracht. So bestunden, in Strassburg, bei
der Pfalz (rathhaus), die noch vor der Revolution, beim jetzigen Guttenbergplatz stand, die grosse und kleine erbsenlauben,
wo man, neben dem kornmarkt, erbsen zum verkauf an den markt-
tagen ausbot. Als diese erbsenmarkte eingingen, verwandte man
die lauben zum verkauf anderer waaren, so dass der name die
erbsenlauben, zu gewerbslauben umgetauft werden konnte.
Die kleinen gewerbslauben sind, nach und nach, zugebaut worden; die Pauschingerische, später Müssel'sche, war die letzte,
die ich in meiner jugend noch offen gesehen habe.

Die frauen Urschel und Salme sind in diesem gespräch nicht
ebenso individuell karakterisirt noch contrastirt wie frau Ju-

liana und frau Ursula, im ersten gespräch, und wie die vier
mägde im zweiten.

Das gespräch wird, wie das erste (s. s. 10), auf dem Baradèblatz abgehalten, wohin die frauen miteinander, vom Rossmarkt
(s. s. 39) und weiter aus dem quartier des Thomannloches, gekommen waren.

Als literarische composition ist dieses gespräch weniger aus-
gezeichnet als die beiden vorigen, wiewohl auch in ihm treff-
liche stellen sich vorfinden.

———

2. Text.

Ernsthaftes dabey doch lustiges gespräch zwischen zweyen Strassburger Frau Baasen als Frauen
Urschel und Frau Salme. — Strassburg, zu finden im Pauschingerischen laden unter der
kleinen Gewerbslaub.

Frau Urschel und frau Salme.

Frau Urschel.

Frau Baas! i gschtch's unn sa's, es schdôsd mer's herz schier ab.
Die jüged hittisdàs weiss niks mê vom Hans Drabb [1]);
Die büewè spielè glich, di maidlè caressirè,
Unn denkè sunschd uff niks, als uff dè schdâd zè fiehrè.
Si meinè 's schdehd gar scheen, wenn si 'sCummêdi seh'n,
Bi dà uff alli wähl, z'nâchd uff dè Bröüjel geh'n [2]).
Si zéijè d'hòr ins g'sichd, as wärè's gar barrickè,
Unn düen rèchd wund'rli mid mienè unn mid blickè [3]);
Der hals isch velli blôs; nurr dass mè d'diddlè sicht;
Drumm henn si d'durdegorsch so schelmisch îngericht [4]).
Si schnirè si' gottlòs, frau baas! unn traüje, leider!
Just as wie d'eddellitt, ertzezli frechi kleider [5]).

Der daffet unterrock gückd untè âü ervôr;
Si hen bandöfflè ân von silwer unn dradôr,
Mid grôssè falwila, unn wîssi sîdni schdrimpflè;
Si bindè si sô hart, dass si sich jo nit rimpflè⁶).
Der schüe derf jetz nimm schwartz, nein, er mües färwi sinn. —
Si weiss noch wôl, frau Baas!, so wôhr i êrli binn!,
Vor dissem isch mè drum vîl êrwärer g'wesè;
Mer henn als, z'nâchd nôch disch, müen in d'r Biww'l lesè
Unn nit an d'dîr gederfd. Botz! döüsig! lewes dâ!
Wie hett mèn ès gebalj't⁷), wenn eins uff d'gass erâ
Nurr imm è herrè hett è güedè morjè gêwè!;
Glich hett mè g'sait : « diss fiert è rechd godloses lêwè, »
Wenn eins in cumbänei sich nurr hett' schmutzè lôn.

Frau Salme.

'S isch freili wôhr, frau Bâs!, mîn mann said âü d'rvôn;
Wie er isch leddi g'sinn, isch alles andersch gangè;
Die mannslitt henn nit sô mid kleiderè derfè prangè⁸);
Si henn z'erschd hintrem ôr rechd miessè druckè sinn⁹),
Unn keiner, wärli-nâ!, als mid dem bard um's kinn,
Hätt mid dè maidlè g'schwätzd. Jez kummè glich d'schdüdendè,
Küem sinn si üss d'r Class', unn machè Cumblämendè¹⁰),
Wo sî è jumfer sehn. Min Sälmel hett mer 's letschd
Aü so drei birschdlè mid in unser hües g'ketschd¹¹).
Botz mord! wie hawwi glich anfangè zè türnîrè¹²)!

Frau Urschel.

Frau Bâs! in dissem schdick mües ich's verdefèdîrè;
Es hett sich d'sellemôls villicht nid anderschd g'schikd¹⁴).

Frau Salme.

Verzei' si mer, frau Bâs!, firr d'maidlè g'heert si's g'schdrickd
Anstatt d'r kurtäsei; unn vor di jungè herrè

Die kinnè sich dorvôr inn ier Collajum schêrrè ¹⁵),
Odder uff d'Biwlithek. Min maid'l derf merr nitt
Vil witter üss'm g'sichd als ebbè hundert schritt.
D' v'rfihrerei isch grôs. — Botz! — Kennt si dè Majischder....
Dèr uusri kind'r lêrt?

Frau Urschel.

Ich!, nein, frau Bâs! wêr ischd er ¹⁶)?

Frau Salme.

'S isch gâr en ârtlier mensch; er trait sinn aijè hôr;
Denk si, er breddit schunn, frau Bâs, — 's isch wärli wôhr,
'S isch gâr è klüejer kopf! — dêr kann ladinisch plüedrè!
Unn isch âü nit brödâl, wie einer dêr, mit pfüedrè,
Die kinder allewîl, mit fliss, zè krînè macht ¹⁷).

Frau Urschel.

Vergangnè dunderschdi, dò hawwi brâv g'lacht.
Verzei' si merr, frau Bâs! dass i 'r in d'redd bin g'fallè.

Frau Salme.

O geh si! spott si nitt!

Frau Urschel.

Von unsrè herrè allè
Sinn di di artlischdè, wo i gewesè bin,
Unn in der Cumbänei rêchd bodde-luschdi g'sinn,
Bis uff è einzichè; d'nè kann i gâr nid lidè;
I will' nè künfdi g'wiss an allè ordè mîdè ¹⁷).

Frau Salme.

Wie so, frau Bâs! wie so? — was gilt's, i rôd' en ych?

Frau Urschel.

Wenn si nè rodè kann, so sâ i's, mafa! glich.

Frau Salme.

Isch's nit der . . . . . . ? hè?

Frau Urschel.

der . . . . . ? jô wärli [18]) !

Dèr fallt mer nurr allein an allè ordè b'schwärli.

'S isch gâr è schlêchder mensch; è kerl, dass Gott erbarm'!;

Meint si er trièj è môl sîn hied'l underm arm,

Unn wär' bis nuff g'frissirt? — sîn rock hett hunderd fleckè;

Wenn andri jungi litt âü nôch Lawendel schmeckè,

So schdinkd êr nôch düwack. Er hett âü nit èmòl

(Jetz sich si nurr, frau Bâs) è bordè-kammesôl ;

Schdehd nie an's Hummels hües; wurd niè uff d'orjel kummè.

Mè sâ merr was mè will, i halt è vor è dummè.

Worum? er hett mer 's letschd, drei ganzi schdundè lang,

Von anders niks geredd als nurr von santimang.

Diss isch jo alwer dings!; lôst er sich vor mer blickè

Unn said mer noch so ebbs, gewiss î will è schickè [19]).

Hingejè d'übrijè dî sehn ganz anderschd drîn ;

Konfect, gebachè dings, unn âü muschgadè wîn

Isch alles glich barâd, wo dî nurr hien geródè :

Mè findt kein fetzel nit, es isch denn nôch d'r mòdè.

Schier allè vierzê dâ henn sî èn ander kleid ;

Wer sô è schätzel hett, dêr het âü noch è freid.

Unn kann âü, uff der gass', g'wissli mit êm prâhlè.

Was nutzt diss innerli, wenn einer niks bezâhlè

Unn niks hergêwè kann? — dô isch d'lieb glich verroschd,

Wenn si dè liebschdè nit è bissel batzlè koschd [20]).

Frau Salme.

Ei schau! jetz sich' i's erschd — i binn so voll gedankè —

I hätts ball gâr nit g'âchd; wott scheeni angäschankè

Het nit d'frau Bâs do ân [21]) !

Frau Urschel.

O geh si! spott si nit!
Si lacht jo d'litt nurr us!

Frau Salme.

Frau Bâs! nein! wärli nit!
È herzi's müsterlè! — wò hett si's schdickè lòsè?
'S isch gàr zè nett! — di grasblüem unn di rôsè,
Si sinn wie lêwèdi.

Frau Urschel.

D'frau Berwel het si g'schdickt.

Frau Salme.

I hâ mer's ìngebildt: nurr diss isch so verzwickt
An dènè schdickerè, dass mè so lang müess wardè,
Bitz men è sach bekummt [22]). — Botz! — die rosinel-tarde,
Dì mer henn traje sehn, frau Bâs, was denkt si doch?
Firr wennè henn si g'heert?

Frau Urschel.

Si sinn ins dummèloch,
Firr è gewissi frau in d'kimbett g'schickd gewesè [23]).

Frau Salme.

Schdill, 's schlect!

Frau Urschel.

Wie vîl?

Frau Salme.

'S isch zwelf.

Frau Urschel.

Wott en erbärmlis wesè!

Frau Salme.

'S kann noch nit zwelfi sinn.

Frau Urschel.

Sie heert jo d'drummè gehn.

Frau Salme.

O geh si! bli si jez nurr noch è bissel schdehn;
D'Nassauer siej i gern.

Frau Urschel.

Ich âü, frau Bâs!

Frau Salme.

Si kummè.

Frau Urschel.

'S isch gâr è scheener marsch.

Frau Salme.

Wie si so ârdli drummè [24])! —

Frau Urschel.

Jer dienerè, frau Bâs! bitt' unb'schwert, mìnè grüess
An ierè liewè mann!

Frau Salme.

Glichfalls, frau bâs! i müess
Jetz lauffè, was i kann. Frau Bâs, winsch' wòl zè lewè.
O b'süech si mi doch âü!

Frau Urschel.

I wurr mer d'èhr 's nägschd gêwè [25]).

———

3. Erklärung.

[1]) Die plumpen, abergläubischen spässe, womit man sich, in Strassburg, wie überall, beschränkt und kleinstädtisch, so lange herumgetragen hatte, verschwanden vor dem freieren, umsichtigern geist, und dem helleren blick, welche besonders in der 2. hälfte des 18. jahrhunderts, in allen herrenländern, anfingen sich geltend zu machen. Die grobe einschüchterung der Strassburger kinder, zu weihnachten, durch den hanstrapp, kam immer mehr, unter der gebildeten klasse, in miscredit. Hans Trapp, der, wie mein freund Stöber glaubt, sich auf eine historische elsässische person zurückführen lässt, dessen namen man aber sich meistens als den trabenden, polternden Hans erklärte, war, noch in meiner jugend, dargestellt durch eine gräulich vermummte person, welche in der christnacht den kindern die christfreude verderbte, und sie manchmal in einen wahren terrorismus versetzte, dadurch dass sie urplötzlich abends erschien, und den kindern, wenn sie im neuen jahr unartig sein würden, mit ruthen und harten worten fürchterlich drohte.

[2]) 'SCummêdi (die komödie, name womit die Strassburger damals das theater überhaupt bezeichneten) war ein nur den höhern, reichern klassen zugängliches, und darum von der bürgerklasse um so mehr angestrebtes vergnügen. Damals fanden die französischen und deutschen vorstellungen statt, zuerst auf der Kürschnerstube, im haus dem Neukirchgässchen gegenüber, später, in der alten Synagoge unten in der Helenengasse, noch später, in der, damals noch als magazin gebrauchten, Stephanskirche.

Die beliebtesten spaziergänge, innerhalb der stadt, waren der Bröüjl, seit 1740 so benannt nach dem gouverneur de Broglie, dann auch die schönen alleen auf den wällen der stadt, welche

besonders durch liebende paare, und von stillen meditiren-
den spaziergängern besucht wurden. Nach den kriegsjahren
des ersten kaiserthums waren diese wälle, von 1815 an bis
zu anfang 1869, jedermann zugänglich. Seitdem sind diese
wall-spaziergänge grösstentheils, wegen vorgenommener arbeiten und reparaturen, dem publikum entzogen worden. Es wäre
in jeder beziehung rathsam, diese wälle baldigst wieder zugänglich zu machen, zumal da die passanten anderes zu thun haben
als die böschungen zu verderben, und nicht darauf ausgehen, die
kanonen diebisch mitzunehmen, oder verrätherisch zu vernageln.

[3]) Der ausdruck mit mienè und mit blickè wird nicht leicht
damals von einer Strassburger frau gebraucht worden sein, da
minè und blickè schon der höhern sprache angehören. Um derartiges auszudrücken, würde man andere volksthümlichere wen-
dungen gebraucht haben.

[4]) Diddel (brustwärzchen), diminutif von didi (zitze), hatte
im munde der frauen durchaus nichts unschickliches, und wurde
von unverheiratheten, sowie von verheiratheten frauenzimmern,
besonders von müttern, unverfänglich jederzeit gebraucht.

Wer die modekleidungen der frauenzimmer sinnig prüft, der
wird bemerken, dass sie, bei aller unschuld und ehrbarkeit
derer, die sie tragen, öfters schelmisch eingerichtet sind. Sie
sollen äusserlich verdecken, was sie durch die verdeckung eben
erst recht für das auge hervorheben. Sie sind wie die koischen
(durchsichtigen), oder die nassen gewänder der sculptur, welche
die formen nicht verdecken, sondern heraustreten lassen; sie verfahren gleichsam wie die schelmische Galatea des Virgils, die sich,
am waldsaum, dem draussen stehenden liebhaber, gleichsam un-
vorsätzlich, zeigt, und sich sogleich, anscheinend fliehend, im dick-
icht wieder versteckt. So auch sollte die damals getragene dür-
degorsch (tour de gorge, halsstreif) äusserlich den busen verdecken, aber die weisse und form desselben besser hervorheben.

⁵) Ertzetzli frechi kleider sind solche kleider, die, durch farbe und schnitt, die sinnlichkeit der männer anregen; — erzetzli (entsetzlich) ist die, aus falscher analogie mit erschrekli, missbildete plebejische form für entsetzli.

⁶) Mit gold- und silberfäden gewirkte stoffe wurden, im Mittelalter, besonders in Persien fabrizirt. Solche reiche stoffe waren später im abendland nur den fürsten und königen zugänglich. Franz der erste hatte im lager bei Ardre, worin er 1520 mit Heinrich VIII zusammenkunft hielt, ein zelt aus goldstoff, wornach das lager selbst den namen das goldstofflager (camp du drap d'or) erhielt. Die zelte der offiziere waren aus geringeren, unächten, glatten (ras), gold- und silberstoffen, und aus solchen geringeren stoffen verfertigte man, in Strassburg, selbst für bürgerfrauen, für ihre hochzeit, goldene und silberne pantoffeln, welche, wegen ihrer scharfen absätze (spitzen), auch französisch escarpins (ital. scarpa) hiessen.

Falwila (falbel) ist das französische falbela (für faldera), welches aus dem italienischen falda (deutsch falte, gefältelter besatz) entstanden zu sein scheint, und hier die gefältelten säume der frauenzimmerröcke bezeichnet.

Die weissen seidenen strümpfchen, um schön am unterbein anzuliegen, werden hart (straff) angezogen, so dass sie sich nicht rimpflè (falten oder runzeln machen). Das zeitwort rimflè (für älteres krimflè) ist das diminutife verbum von rümpfen, rumpfen (runzeln, falten machen), welches mit kriblè (in verkribblè, s. s. 43), zum stamm krumm gehört, und eigentlich kleine falten machen, und gerade falten krumm, krüppelig machen, bedeutet.

⁷) baljè (balgen) ist abgeleitet von balg (lat. follis, für folhis), welches mit der nebenform fell (lat. pellis, gr. pella) verwandt ist, und zu der sippe blah (blähen) gehört. Balgen heisst also eigentlich im zorn, wie ein balg, anschwellen, zürnen, und dann

schmählen, vorwürfe machen. Von einer verwandten nebenform stammt das lat. wort pello (stossen) und gr. pallo (kämpfen),
welche beide ursprünglich abhäuten, abstossen bedeuteten. Das
lateinische pellere (stossen) hingegen scheint nichts als der
consonantische umlaut von cellere zu sein.

⁸) Der ausfall der frau Urschel gegen den luxus war allein
gegen das schöne geschlecht gerichtet. Frau Salme, die wie die
meisten frauenzimmer, wenn sie sich's gewähren können, freude
am staat (aufwand) haben, hört solche angriffe ungern, und
sucht die beschuldigung auf die kleiderpracht der mannsleute
geschickt hinüber zu spielen.

Es gab, zu verschiedenen zeiten und bei verschiedenen völkern,
mehr oder weniger geschmackvolle kleider-trachten, die, wie
im alterthum, traditionnell und allgemein gebräuchlich wurden.
Nun gibt es aber keine tracht, die in farbe, schnitt und form,
für alle individuen und für jedes alter und geschlecht, stets graciös, passend, und ästhetisch gefällig wäre. Die trachten, wie
alle formen in der welt, sind immer in dieser oder jener beziehung
unbequem, unpassend, ungefällig. Deswegen haben die menschen, in neuern zeiten, weil ihr besserer geschmack, ihr fei-
neres gefühl, ihr umfassenderes urtheil sich nicht absolut mit
der oder jener kleidungsart befriedigen konnte, wenigstens, durch
mannigfaltigkeit und häufige abänderung der trachten, das hierin
unerreichbare absolute zu ersetzen gesucht. Dies ist der psycho-
logische und historische grund der entstehung der mode. Diese
hat, hinwiederum, als allgemeiner tyrannischer gebrauch, wie alle
andern formen und gebräuche, ihre besonderen moralischen und
öconomischen übelstände, mängel, und ungerechtigkeiten, unter
die der luxus, die prunksucht, und die eitelkeit zu rechnen sind.

⁹) Die redensart hinter den ohren trocken sein heisst aus
den kinderjahren hinaus sein, weil die kinder, besonders die
ganz jungen, längere zeit hinter den ohren feucht sind.

[10]) Da das Gymnasium in sieben klassen getheilt war, so entstand, aus der redensart in die klasse gehen, der allgemeine ausdruck die class', um das Gymnasium überhaupt zu bezeichnen.

Cumblämendè (compliments) bezeichnet hier nicht sowohl höflichkeits- als liebesbezeugungen.

[11]) Ketschè, das gewöhnlich etwas schweres mit mühe herbeischaffen bedeutet, hat hier die ursprüngliche bedeutung von: mit einem haken, und mit anstrengung, herbeiziehen oder einfangen. Kètcher ist der hamen; vgl. engl. catch (einfangen), erhaschen (für erhaksen).

[12]) Botz mord! glimpfliche form für den fluch bei Gottes (Christi) mord oder tod; altfranz. par la mort dieu; (morbleu).

turnire (ital. torniare, fr. tournoyer) heisst ein ritterliches tournier anstellen, im sinn von: gegen etwas ankämpfen.

[13]) Der verfasser. hebt hier die inconsequenz hervor welche, im denken und im charakter vieler frauenzimmer, bemerkbar ist. Frau Urschel nämlich, die soeben streng den staat der frauenzimmer beurtheilt hat, ist hier nachsichtig für das benehmen der jumpfer Sälmel gegen herren, gegen die drei burschen von studenten, welche sie ins haus hineinschleppte. Sie entschuldigt (deffèdirt; lat. defendere, vertheidigen) dies bequem damit, dass es sich vielleicht damals (d'sellemols, dasselbige mal) nicht anders schickte.

Im Elsass sagt man burschd, (dim. bürschdel) statt bursche, bürschel. Das lateinische wort bursa (beutel) bekam auch die bedeutung proviantsack, kostbeutel. Deswegen nannten die studenten auch ihr kosthaus bursa. Die jungen kostgänger hiessen theils bursici, woraus das hochdeutsche burschen (vgl. barsch von perca), oder bursati, woraus das allemanische burscht oder burschd (vgl. vogt aus advocatus) entstanden ist. Bursch bezeichnete ursprünglich den student allein, später

auch jeden jungen unverheiratheten kerl und knecht, der im
hause dient und darin kostgänger ist.

14) Die frau Salme, die unten so grosse stücke auf aufgeputzte
herren hält, stellt sich hier als liebe sie nur die einfachen be-
scheidenen bürgersitten. Statt der kurtesei (courtoisie, höfliches
benehmen) zu pflegen, sollen mädchen stricken, und die studenten sich in ihr collajum (collegium) scheren. Scheren, im metaphorischen sinn, heisst wie ein zu scherendes schaf behandeln,
drücken; sich scheren bedeutet sich bemühen, sich drücken.
sich fortmachen. Collajum, dorisch-platte aussprache für collegium (versammlung der studenten im hörsal), vorlesung. Aus
collajum machte man auch collajm, um damit den alten kreuz-
gang um den klostergarten des Wilhelms-Stifts (collegium),
neben der Neuen Kirche, zu bezeichnen.

15) Obgleich frau Salme sich stellte, als müsse man wegen
der verführerei, die heutzutage grassire, alle jungen leute vom
hause fern halten, so erinnert sie sich nichts desto weniger, dass
sie einem Magister (artium), das heisst, einem lehrer des Gymna-
siums, den sie für ihre tochter zum ehemann wünscht, manche
zuvorkommenheiten bezeugt. Sie will diesen als ein muster
junger männer darstellen.

16) Ohne den Magister mitnamen zu nennen, entwirft frau Salme
von ihm ein schmeichelhaftes bild; er ist artlich (durch gutes
benehmen gefällig); statt wie andere herren schön gepuderte
haare oder perrücken zu tragen, trägt er sein natürliches haar;
er ist ein junger theolog, der schon bisweilen predigt; er ist ein
gescheidter, gelehrter kopf. Wie noch heute mancher classische
philolog, der um 3. jahrhunderte verspätet, noch wie zur zeit
der Renaissance darauf schwört, dass ohne lateinisch kein heil
und segen in der volkserziehung zu erzielen sei, so sieht auch
frau bas Salme in dem Magister einen ausgezeichneten mann,
weil er (was sie doch nicht zu beurtheilen im stande ist) lateinisch

zu plaudern versteht. Der Magister, sagt sie, ist auch nicht mit
den Gymnasiums-schülern, wie manche seiner collegen, brutal;
er bringt sie nicht geflissentlich zum weinen (krinè, greinen),
dadurch dass er ihnen pfüder (stösse) versetzt.

17) Das entworfene bild vom artigen herrn Magister bringt
der frau Urschel in erinnerung, dass sie kürzlich in einer gesellschaft von artigen studenten war, worunter nur einer sich befand, der ihr widerlich geworden ist, weil er nicht, mit den andern, in der gesellschaft, bodenlustig (gründlich lustig) war.
Die gesellschaft hatte am donnerstag statt, am academischen tag
(dies academicus), den die studenten ganz oder halb dem vergnügen widmen, nach einem uralten abergläubischen gebrauch,
dem zufolge, zu ehren des Gottes Thor (Donner), man wenigstens
am abend dieses ihm geheiligten donnerstags sich nicht, durch
arbeiten, an ihm versündigen dürfe. Die erinnerung an diese gesellschaft ist in der frau Urschel noch so lebhaft, dass sie es
nicht über sich vermag, das ende des von frau Salme entwor-
fenen bildes abzuwarten, sondern ihr in die rede fällt. Sie entschuldigt sich freilich, aus höflichkeit, deswegen, und die frau
Salme gibt ihr hierüber bereitwillig absolution, in den von den
fraubasen gebräuchlichen formeln: o geh sie!, spott sie nitt!,
sie vexirt!, sie monkirt (s. s. 34) etc.

18) Frau Salme erkennt in dem jungen mann, der nicht ist
wie die andern herren, sogleich ihren Magister. Und da sie nicht
vermuthet, dass frau Urschel hernach so viel ungünstiges über
ihn vorzubringen weiss, so triumphirt sie freudig, dass sie den
ungenannten herrn zu errathen vermöge. Die frau Urschel, welche
aus schonung ihn bisher nicht mit namen genannt hatte, sieht nun,
dass frau Salme ihn schon errathen hat; deswegen fährt sie fort:
« da es kein geheimniss mehr ist, so sag ich's, ma foi! gleich
selber.» Auf die frage der Salme, ob es nicht der Hr..., sei, er-
viedert sie: ja! Der verfasser, aus oben angegebenen gründen

(s. s. 5), nennt hier den Magister nicht mit namen; dieser ist
aber offenbar eine bekannte, reelle persönlichkeit; was den namen desselben betrifft, so war er der art, dass er, wie die namen Wag'ner, Hitsch'ler, etc., dreisilbig von der frau Urschel,
und zweisilbig von der frau Salme, ausgesprochen werden konnte.

hè? (fr. hein?) ist hier eine fragende ausruf-partikel.

¹⁹) Frau Urschel merkt noch nicht, dass der Hr... derselbe
ist wie der Magister, um den sich frau Salme besonders inte-
ressirt, und von dem sie ein so löbliches bild entworfen hatte.
Deswegen hat auch frau Urschel keinen grund, ihre antipathie
gegen ihn zu verhehlen und auszusprechen, noch anstand zu
nehmen, sich über ihn, in aller form, auszulassen. Er ist, sagt
sie, nach ihrem urtheil, ein schlechter (widerlicher) mensch,
ein armseliger kerl; er trägt niemals, wie die gepuderten herr-
chen, sein dreieckiges hütchen unterm arm; ist nie bis hinauf
auf den scheitel vom haarkünstler gekräuselt; sein rock ist hier
und da befleckt; er rieche nicht, wie die andern jungen herren,
nach lavendel, sondern stinke nach rauchtaback.

Junge elegante burschen des reicheren bürgerstandes trugen
damals ein bortencamisol (längere jacke mit gesticktem rande),
nach der mode.

Der haupteingang zur jetzt verschwundenen Neuen Kirche
war, für frauenzimmer, in der Goldschmidtgasse. Dem eingang
gegenüber stand ein jetzt frisch aufgebautes haus, welches damals dem pastetenbäcker Hummel gehörte; vor diesem haus
versammelten sich sonntags, nach der amtpredigt, die heirathslustigen jungen Strassburgerherren, um die aus der kirche tre-
tenden jungfrauen vor sich defiliren zu sehen, und galant zu be-
grüssen.

Andere feine herren gingen auf den orgellettner, von wo herab
sie, mit einem blick, den ganzen andächtigen Flor der unten
sitzenden schönen glaubensgenossinnen überschauen konnten.

Da der Magister sich nie auf der orgel blicken liess, so hielt ihn deswegen, mit andern gründen, frau Urschel für einen dummen, das heisst für feine lebensart stumpfen, ungebildeten menschen, für gelehrt und geschult, aber roh, was leider öfters sich zusammenfindet. Den beweis hievon fand sie auch in dem umstand, dass, in der letzten donnerstag-gesellschaft, er ihr von nichts als von sentiment, das heisst, nicht von äusserlichkeiten, sondern blos von idealen angelegenheiten, nach ihrem urtheil, albernen dingen, während drei stunden, geredet hat.

[20]) Frau Urschel hatte abneigung gegen den luxus, nicht aus moralischen oder wirthschaftlichen gründen, sondern blos in dem neidischen gefühl, dass sie hierin sich nicht mit den eleganten reichern damen messen konnte. Deswegen findet sie den, an den frauen, sie anwidernden luxus, an den männern ganz angenehm, und lobt diejenigen, welche in ihrem anzug kein fetzel (stückchen, fr. pièce) haben, das nicht nach der mode wäre, und die alle 14 tage ein ander kleid tragen.

Solche leute, sagt sie, wären auch, überall, in den häusern gut aufgenommen; wo sie erscheinen, sei gleich alles parat; confect, backwerk, muskatwein würden ihnen aufgestellt; mit solchen jungen männern, als bräutigam, könne auch ein frauenzimmer als braut auf der strasse öffentlich paradiren; die äussern vorzüge solcher liebhaber nützen, bei diesen, mehr als die innern bei andern; weil sie reich sind, so können sie sich es auch einige geldstücke (batzlè), für die geschenke ihrer braut, kosten lassen; denn wenn man keine solche opfer bringt, verrostet die liebe in kurzer zeit.

[21]) Frau Salme, die nun gehört, dass frau Urschel durchaus nicht das lob ihres Magisters singt, der weder galant, noch elegant, noch reich ist, wird von peinlichem gefühl betroffen, und sucht diese rede abzubrechen, dadurch, dass sie das gespräch auf einen andern gegenstand hinüberlenkt. Sie bemerkt die

schönen manschetten, welche frau Urschel, trotz ihrer ereiferung
gegen den luxus, an den vorderarmen trägt.

²²) Modeartikel für frauenzimmer erhalten gewöhnlich einen
sinnreichen, auf galanterie bezüglichen namen. So gab man den
langen schmalen sammtnen bändern, welche die frauenzimmer,
noch vor kurzem, hinten vom kopf auf den rücken hinabhängen
liessen, den namen suivez-moi (folgt mir), um anzudeuten, dass
diese bänder den schönen damen von hinten stets folgen, wie ein
sehnsüchtiger liebhaber. Desgleichen nannte man, vor der Revolution, engageant (auffordernd) ein schleifband, welches die
damen am halse trugen, und gleichsam einen liebesknoten darstellte, der zu zärtlichen gefühlen aufforderte. Später gab man
den namen engageantes den damen-manschetten aus spitzen
oder gestickter tulle, welche zierlich von dem oberarm herunter-
hingen, und den schönen vorderarm hervorglänzen liessen. Solche engageantes, an der frau Urschel, nennt hier frau Salme
angeschankè, und lobt daran, dass die stickerei herzige
zeichnungen (müschderlè, dessins) enthalte, gestickte grasblumen
und roseń, die wie lebende (lewedi) aussehen. Sie waren von
der, damals in der damenwelt sehr nachgesuchten, stickerin, der
frau Berwel, in Brand-ein-end (s. s. 30), angefertigt worden.
Nur konnte die künstlerin den damen ihre stickereien nicht eben
so schnell beendigt zustellen, als es dieselben, in ihrer weiblichen ungeduld sich darin zu zeigen, gewünscht hätten.

²³) Frau Salme hatte das gespräch auf die angeschankè ge-
lenkt, nur um von der peinlichen, ungünstigen beurtheilung des
Magisters, durch die frau Urschel, wegzukommen. Da sie selbst
nicht zu den eleganten damen gehört, so will sie auch nicht
länger der frau Urschel, in lobe auf deren anzug, zu hofe reiten.
Sie führt deswegen das gespräch (nach der den frauenzimmern
so leicht auszuführenden ideenassociation), von den stickereien,
zu den rosinentorten über, welche sie beide, als sie von dem

Rossmarkt gegen den Paradeplatz zu giengen, hatten vor
ihnen vorbeitragen sehen, und sie frägt die frau Urschel wem
wohl diese torten bestimmt gewesen sein mögen. Der philosoph
Aristoteles behauptet mit recht, dass die wissbegierde die mutter des wissens ist. Deswegen vermögen auch die frauenzimmer, die in der regel curioser sind als die männer, auch
meistens auf wissbegierige fragen, aus dem schatze ihres
wissens, genügend zu antworten. Frau Urschel weiss dass die
rosinentorten (engl. tarts), einer wöchnerinn im Thomannloch,
zur kindbettsgratulation, von einer verwandten, oder von einem
hausfreunde, zugedacht seien.

24) Die kunst de la conversation besteht darin, viele gegenstände nach und nach geistreich, wiewohl nur flüchtig und kurz
zu besprechen. Ob die gespräche der frauen Salme und Urschel
dieser regel entsprechen, mögen meine schönen leserinnen ent-
scheiden; ich wage nur beizubringen dass diese frauenzimmer,
mit der ihrem geschlechte eigenthümlichen kunst, das gespräch
ins unendliche hinauszuspinnen, nicht allein verstehen, sondern
auch stets dazu bereitwillig sind. So geschah es dass die mittagstunde schlug, wo diese beiden beim mittagessen sein sollten, und
sie noch immer mit einander, auf dem Paradeplatz, schwatzten.
Der frau Urschel scheint indessen das gewissen aufgewacht zu sein;
sie findet dass frau Salme pflichtgemäss, um diese stunde, zu hause
sein sollte, und sie lässt sich sogar herbei, sie hierin etwas
hart zu beurtheilen, indem sie, natürlich blos in einem ungehör-
ten aparte, zu sich heimlich spricht: «welch ein erbärmliches
wesen!». Die frau Salme hat aber durchaus nicht das gefühl ihrer
erbärmlichkeit: obgleich es mittag ist, so ist ihr die zeit, beim
plaudern, so schnell vorübergeflossen, dass es ihr vorkommt es
könne noch nicht zwölf uhr sein. Frau Urschel macht sie aber
aufmerksam, dass die, um jene stunde gewöhnlich beim Aubette
aufziehende, wache schon, in der nähe, ihre trommlen hören

lasse. Das ist nun aber gerade kein grund um die frau Salme
von der stelle zu bringen; sie bittet ihre base noch ein wenig
stehen zu bleiben; sie sehe die Nassauer (s. s. 65) so gern.
Dies vergnügen wollen wir, unsererseits, der dame auch nicht
missgönnen. Frauenzimmer haben mehr als männer ästhetischen
sinn, und verstehen sich besser als alle Winkelmanns auf männ-
liche schönheit; und offenbar befinden sich doch, unter dem militair aller nationen, die schönsten muster von prachtskerlen,
wie die Schweizer sich ausdrücken. In dieser ihrer liebe zum
militair stimmt ihr auch frau Urschel völlig bei.

Frau Urschel und frau Salme haben ausserdem noch, wie
viele ihres geschlechts, einen ausgebildeten sinn für einen schönen militair-marsch, und für einen muntern vorwärtstreibenden
trommelschlag. In dieser beziehung, beiläufig gesagt, wäre es
jedenfalls rathsam, und für das musikalische Deutschland ein
leichtes, um den beifall der frauenzimmer aller stände im El-
sass-Lothringen einzuärndten, und die erinnerung französischer
märsche zu überbieten, den jetzigen altfränkischen, eintönig
einschläfernden, wie im bärentanz kreisenden trommelschlag,
durch einen lustigen, raschen, schenkellüpfenden, gerade vorwärtstreibenden, zu ersetzen.

25) Frau Urschel findet nun dass das plaudern doch einmal
enden müsse; sie bricht daher damit das gespräch ab, dass sie sich
empfiehlt, und, höflicherweise, der frau Salme grüsse an ihren, zu
hause einsam und allein zu tische sitzenden, mann aufträgt. Frau
Salme fühlt dass sie nun eilen müsse, aber getreu ihrem karakter,
spricht sie der fraubas Urschel den innigen wunsch aus, dass
dieselbe sie doch auch bald möge besuchen, um sich nochmals
ausplaudern zu können, was frau Urschel auch, in kurzer zeit,
zu thun verspricht.

IV.

'sErschd Bloggade-gschbräch.

—

È nejs Frabàsè g'schbräch zwischè d'r Frau Bàs Kutzlèrèrè und d'r Bàs Ziwwelmännè, während un nòch d'r Bloggàd von Schdròssburch, 1814.

1. Vorwort.

Im krieg schweigen die Musen. Das kaiserthum, mit seiner eisernen hand und immerwährenden kriegen, liess keinen freien erguss des humors aufkommen. Militarismus, wie pfaffenregierung, ist das unglückseligste was einem gebildeten volk widerfahren kann. Die denkenden Strassburger waren daher froh dass das säbelregiment, dessen falsch blendenden ruhm Frankreich, eben so theuer wie den königlichen flitterstaat des elenden Ludwigs XIV, bezahlte und büsste, endlich zum fallen gekommen war. Mit der Restauration (so lange sie noch nicht pfäffisch war) athmete Strassburg wieder auf. Das gegenwärtige gespräch sollte dazu dienen den chauvinistischen volksgeist zurechtzuweisen, und die erinnerung an die leiden und entbehrungen, welche Strassburg während der ersten blokade erduldet, dadurch zu verwischen, dass man humoristisch zeigte, diese leiden seien ja eben nicht so schrecklich gewesen, und werden durch die schönen hoffnungen, welche die Restauration im lande erwecke, bald ganz in den hintergrund treten und vergessen werden.

Das gegenwärtige gespräch, das ich als probe neu transcribirt, früher, schon habe drucken lassen (s. Sprachliche studien; 5. serie. Strassburg 1872), ist bereits im jahr 1814, auf sieben seiten, gedruckt erschienen, unter dem titel: Neues fraubasengespräch zwischen der frau Bas Kutzlererin und der frau Bas Ziwwelmännin, während und nach der blockade von Strassburg 1814. Seite 7 unten liest man: zu finden bei Johann Heinrich Heitz, Schlauchgasse, 3, und auf der mitte der rückseite steht: Preiss 5 sols.

Da die früher erschienenen gespräche alt genannt worden kounten, so bezeichnete der verfasser das gegenwärtige als ein neues (nejs).

Die verfasser der gespräche, um nicht sich unannehmlichkeiten zuzuziehen (s. s. 5), hüteten sich ihre personen unter bekannten namen aufzuführen. Sie gaben desshalb denselben erdichtete, unmögliche namen. Deswegen gab der verfasser des gegenwärtigen gesprächs den frau-basen die namen Kutzlerer und Zwibelmann, welche in Strassburg niemanden angehören konnten.

Die ehefrauen bezeichnete man, ehemals, dadurch dass man, an den namen des mannes, die feminine endung in (è) anfügte; man sagte also, z. b., frau Zwibelmännin, oder, ohne titel, die Zwibelmännin (d'Ziwwelmännè).

Der verfasser dieses gesprächs, der sich aus bekannten (s. s. 5), und hier besonders aus politischen gründen nicht nennen wollte, ist wahrscheinlich der als autor des lustspiels Pfingstmontag bekannte Strassburger Joh. Georg Daniel Arnold. Er war damals, 1814, professor des römischen rechts in Strassburg. « Im jahr 1809, « als eben Lezai-Marnésia, von der präfektur zu Coblenz, an die zu « Strassburg gerufen ward, erhielt Arnold seine ernennung zum « professorat der geschichte, in der daselbst errichteten philoso « phischen Facultät (eigentlich an der mit der Faculté des scien-

« ces das gebiet der ehemals sogenannten philosophischen Fakul-
« tät einschliessenden Faculté des lettres). Zugleich ward ihm die
« aussicht auf die vacante stelle an der Strassburger rechtsfacul-
« tät eröffnet. Er lehrte nun geschichte mit dem ihm eigenen ta-
« lent, unter dem zulauf nicht nur von studenten, sondern auch
« von militärs und civilpersonen. Leider legte des kaisers despo-
« tismus aller lehre immer mehr fesseln an, und es war am
« ende, wie zu Tacitus zeit, eben so schwierig einen historischen
« machthaber als gut zu loben oder als schlecht zu schelten » (s.
biographie Arnolds, von Dekan Rauter in : Der Pfingstmontag, Strassburg 1850). Aus obigem erklärt es sich dass Arnold, wie sein hoher gönner, Lezai-Marnésia, sich von dem
lästigen kaiserregiment abwandte, und mit schönern hoffnungen
die Bourbonen begrüsste.

Die beiden theile des gesprächs, während der blokade
und nach der blokade, sind, miteinander, nach der ersten
Strassburger blokade, welche vom 6. januar bis zum 16. april
1814 dauerte, und nach dem allgemeinen friedensschluss (zu
Paris, am 31. mai 1814), abgefasst worden.

Da die festung Strassburg nur blokirt, nicht belagert wurde,
so warfen die Alliirten wenig geschosse in die stadt: nur aus roher
rache liess ein offizier, am 13. februar 1814, in die stadt schies-
sen. Mehrere granaten fielen vor den wällen des Kronenburger-
thors nieder; drei fielen sogar in die vorstadt; die eine auf den
eckstein im Grünenbruch, die andere in ein sattlermagazin, und
eine dritte in den Mangleschottsgarden (s. Heitz, Strasbourg
pendant ses deux blocus, p. 55).

Da keine gefahr von feindlichen geschossen war, so wagten
sich sogar frauen auf die strassen und auf die öffentlichen spaziergänge innerhalb der stadt, auf den Paradeplatz (jetzt Kleberplatz genannt) und den Broglie. Man muss sich also denken
dass, kurz vor dem 16. april, an einem schönen tage, frau Kutz-

lerer, die frau Zwibelmann, während diese spazieren gieng, angetroffen, und mit ihr das folgende gespräch, wahrscheinlich auf dem Broglie, abgehalten habe.

———

2. Text.

È nejs Frabàsè-g'schbräch zwischè d'r Frau Bàs Kutzlèrèrè und d'r Frau Bàs Ziwwelmännè, während un nòch d'r Bloggàd von Schdròssburch, 1814.[1])

A. Wæhrend der Bloggàd. [2])

d'Kutzlerèrè.

Ah! güdè dâ, frau bâs!, i glaub' si gehd schbazîrè.

d'Ziwwelmännè.

Ihr dienerè ! — mer müess halt 's wetter profedîrè [3]).

d'Kutzlerèrè.

Schunn lang haw' i, frau bâs, dî êr si nit zè sehn [4]).

d'Ziwwelmännè.

'S isch mer nit meijli g'sinn dè winder üsszègehn ;
Merr lawerirè d'heim schunn lang am nerfèfiwer [5]).

d'Kutzlerèrè.

Ja! raichert si denn nit? — i wott jo zêhmôl liewer
Di nâs voll morwo [6]) hann, so wôhr i ehrli bin,
Als an d'r leid'jè pescht noch länger krank zè sinn.

d'Ziwwelmännè.

Si hedd è-rêchd, frau bâs!, i müess ir awer sâüjè [7]),
Als mer hedd so vîl lidd uff d'Kurwâü nüss gedrâujè,
Dô raichert' merr noch nit.

d'Kutzlerèrè.

So mach i 's kumblèmênd
Dass sie so durchg'schlupft isch ; — mer said es hedd en end ;
Merr schdirbd nimm[8]).

Z.

D'sell isch wôhr; doch diss isch noch vîl dummer;
Schdirbd einer jetzerd noch, so heisst's: « es isch vor kummer[9]). »

K.

'S elend isch freili grôs. Wenn mer so glikli isch
Unn hedd è mumfel brod, krumbêrè uff'm disch,
So soll eim' alli mîej unn sorjè nit gereijè ;
Mer dankt es, hiddis dâs, dem Herrgott uff dè kneijè[10]).

Z.

Wenn wännl è kerwel wär !, 's isch awer nit è-sô
Wi ess isch êhmôls g'sinn ; mer isch jetzt nimmi frô.
Manchmôl am Wasserzoll hett mer als kennè walzè;
Jetz isch ein'm, wärli-na !, die frajd gàr wüscht versalzè. —
Potz abbrobo vom salz !, isch sie verbrovendîrt[11])?

K.

Jô ! wenn vor ôschtrè merr vor hunger nit krepirt.
Gescht sâ i miner mâüd, si soll in d'medzi laufè,
Unn soll è quällèlè unn zwelf pfund blächlè kauffè :
Meint sie denn si hett's krîjt? — « ja, kuttlè, wenn sie will, »
Hett îr der medzjer g'sait, « unn sei si mîsli-schdill
« Dass sie noch dî b'kummt : i kann ir sunschd niks gêwè. » —
Jetzt frôüj i si, frau bâs !, wie kann mer sô noch lêwè[12])?

Z.

Mit allem isch's è-so. Hitt haw' i, uff'em märkd,
Nurr um è wischel keel unn suppèdings g'märkd,

So fordert mer zwelf sü. « Ei! so schlâ dich der dunder! »
Sâ i zür gardèfrau: « dô b'halt si ihre plunder, »
Unn wirf's rè widder hin. 'S isch nit g'bermedirt,
Wie mer, uff alli ard, jetz isch g'triwwelirt[13]).

K.

Ja! diss isch âü mîn klâüj. Mer kann lang rummer drabbè,
Wenn mer, zer jetzjè zidd, ebbs wôlfels will erdabbè.
'S isch alles gar zè dîr. Der budder isch so schlêchd,
Die aijer sinn so klein ; es isch halt niks ä-rêchd.
Was am fatalschdè isch, so haw' i, hôl's der Schinder!
Kenn schdikkel holz mêh d'heim ; denn so è hardè winder
Henn mer schunn lang nimm g'hett. » « Gch, sâ i zü mîm mann,
« Geh, sâ i zü im, sâ-i, geh schaff uns holz noch ân. »
« Ja! sait er zü mer, sait er : du narr, dü hesch güed reddè,
'S isch nienè kens mêh dô ; i wotti mid der weddè,
Dü liefschd dè schtâdè *hin* nuff bis an's bungg'wehr,
Von dô ins grêni brüch, unn fändschd doch kennes mehr.
Wenn mer ken holz mêh hedd, wie will mer kochè, bachè ?
Unn kummd noch d'wäsch d'rzü, wie soll mer dô es machè[14])?

Z.

Gâr niks meh find't mer jetz, gâr niks, frau bâs, als wìn,
Dawack, g'raichert fleisch, salz, bergall, unn musslîn ;
'S isch è bedribdi zidd ; d' find henn mer uff'em nackè,
Die schdadd isch ganz umringd von Russè unn Kosackè.
Zwei oder drei môl d'wuch bassird mîn mann die nâchd ;
Ball gehd er uff' d'barâd, ball sitzd er uff der wâchd ;
Ball isch er uff'em wâl, unn gückd nôch dè Kalmuggè ;
Unn ich müess zidder d'heim an mîner kunkel huggè[15]).
Nächdi kummt er mer heim, jetz denk si nurr, frau bâs,
Unn bringd è fânè midd !

K.

Herr Jês ? — vom find ?

Z.

Ei ! g'schbass !

E säwel isch's, è schdern, von dem i dò will sâüjè,
Er hett einè im Lamm, im wirdshüs, d'von g'drâüjè [16]).
Wenn in der üniform er sich hett schên gemutzd,
So sâd der dollweck als : *brüeder ! i bin gebutzd.*
Er hedd è gradd'l im kopf ; — uun gehd's ân's exerzirè,
So gibd er sich è cäs ; 's isch züm hellè krepirè ;
Diss macht er hedd è grad [17]).

K.

Ja ! hops ! grad oder krumm,

D'sell isch mer einerlei. Do bin i nit so dumm ;
Mîn mann war ehmôls âü è sô è bêser bicker ;
Jetz isch er awer zahm ; er isch è schnallèflicker.
Er blibt schên bi mer d'heim ; er derf mer nit vor's hüs,
Geschwejè denn er käm ins Baldners gardè nüs.
Wenn er sich underschdind sich vor mer nurr zè rîrè,
Potz döüsich ! lêwesdâ !, wie wodd i nè krischdirè !
Nein ! nein ! so lang mer noch di âuè offè schdehn,
So lòss i mînè nit vom firdibendel gehn [18]).

Z.

Si isch è bravi frau. Mîner lossd sich nit zwingè ;
Um niks kann mer 'nè ofd in dè greschdè harnisch bringè. —
I bin 's g'saldädels miêd ; i wodd es hädd en end [19]).

K.

Jo ! werzi-na ich âü. 'S isch awer juschdèmênt
Was d'männer amesirt. I gäb gern ebbs züm beschdè,
Wenn's widder offè wär ; i lièf was gischd was heschdè [20]).

Z.

Wie lang isch es denn schunn, dass bi uns d'dôr zü siun?

K.

I bin am Schdeffesdâ noch drüss im gardè g'sinn,
Unn dess züm ledschdè môl.

Z.

Oh! redd si nit vom gârdè!
'S isch mer è schdich ins herz; i kann es nit erwârdè
Bis ich in mînè kumm. Er müess jetz güed üssehn
Siddem di Bâdischè è wachdschdubb drinnè henn.
I driff gewiss niks ân. Die schêne vejellottè!
D'saldadè wêrè mer g'wiss si all' üsrottè!.

K.

Unn blüemèziwlè denn?, die nemmè si zur nôd;
Sie schwellè si nurr ab, un schdrichè si uf's brôd,
D'arunkelè, d'zirinkè, d'lefkojè, unn noch mêhres;
Was mer am leidschdè düed, sinn d'blüemele lavêres.
Im ivwerentzijè, sinn mer noch lang blogîrd,
Sô krîjd mer ken g'miess.

Z.

Diss dank' nè der Herr wird!;
Die blümè woddi noch, wenn's nôd düet, gern verschmerzè,
Awer 's g'miess unn 's obsd, diss lejt mer mêhr am herzè.
Wenn es ken erbslè gäb, wie meint si wie ès wär?;
Ken rüewè, ken grin krütt, ken artififè mehr [21]),
Ken mellelè, ken quätschlè, ken renklô, unn ken bierè;
Mer wissd nit was mer äes. Es isch züm deschberirè [22]) !

K.

Hoffedli, um dî zidd, wurd mer doch fridde hann;
Das wuchèbladd zaiht nè fir nägdschder dâujè ân.

Z.

Ja! mer said gâr zè vil; 's sinn awer niks als löüjè;
Mer kann, liwi frau bâs!, gâr keiner ziddung dröüjè.

K.

I weiss von güeder hand, — glaub si mer's, wenn i 's sâ, —
Mer sinn ball debloggird.

Z.

Jo, am nimmerlesdâ [23].

K.

Verzwiflè mer nur nit; di dòr sinn jetz ball offè,
'S hedd d'längschdi zidd g'würd.

Z.

Mer wellè 's beschd halt hoffè [24]).

B. Nach der Blokade. [25])

K.

Ha! ha! frau bâs! was isch? jetzd sièhd es anderschd drîn
Als bi der bêsè zidd, do mer bloggird sinn g'sinn:
Geld si? [26]) i hab's rè g'said dass es nit lang wurd dürè;
I habb' es wôl gewissd. — Jetz kummè widder d'bürè
Unn bringè uns g'miess, unn alles grad g'nüe;
Aü hett mer jetz kaffee, unn sü-wecklè derzüe [27]).

Z.

Es isch eim wie è drâum. I habb's nit glauwè wellè,
Wie i's erfârè habb. Si kann sich nit vorschdellè
Wie mer's g'wesè isch, dô 's heissd « der Bunnebârd
« Isch nimmê uff'em drôn; mer hedd di wiss gogârd

« An alli hièt uffg'schdeckd ». — So henn mer denn dè friddè!

D'm Herrgodd sei 's g'dankd²⁸)! — Dü heschd g'nüc geschdriddè,

« Sâ i glich zu mîm mann; geh! schdeck dîn schwêrd in d'schaid,

« Unn kumm dass i dich schmutz vor lüdder herzesfraid. »

K.

Juschd so, frau bâs!, i g'schdêh's, isch mir es âü gegangè;

Mîn mann het haidèbridsch è gaschderei âng'fangè.

Er hedd mer alles g'hôld, di schunkè, unn di wirschd,

Unn hedd mid sîne frind è fässel üsgebirschd.

« Mer könnè, hedd er g'said, dè kênich nit mê êrè

« Als wenn mer unser kich und unsrè keller lêrè;

« Merr hann g'nüc g'schnarrmüld; düen mer uns ebbs zü güed!;

« È narr isch wer sich nit è bissel bene düed²⁹). »

Z.

Dêr meinung bin ih âü; 's unglick isch jo verschwundè;

Schnüfè mer jetzerd üs; mer henn uns g'nüè gschundè.

K.

Wie mer so glicklih sinn!, es isch è luschd zü sêhn

Di vîli seck voll frucht, di uff'em Bröüj'l schdèhn.

Di heizlè, unn di gäns, die ochsè, unn die kelwer,

Si wimmeln um uns hêr³⁰).

Z.

O! ja! frau bâs, mer selber

Mer lêwè widder uff. Es hedd è jêdi frâü

Jetz widder ihrè mann; unn sie geniesst nè âü.

Es hädd der kênich uns niks bessers kennè gêwè.

Vivat, vivat! es soll der kênich Lüdwich lêwè!

3. Erklärung.

¹) S. s. 86.

²) S. s. 87.

³) S. s. 88.

⁴) Frau Kutzlereristeineanständige, aberungcbildcte, arbcitcrs-
frau; sie ist nicht so gut, wie andere frauen, in den gewöhnlichen
höflichkeitsrcdensarten bcwandcrt; deswegen legt ihr der vcr-
fasser geflissentlich ein qui pro quo in den mund. Sie will
sagen: Schunn lang haw' i d'frau bas die êr nit k'hett zè
sehen, sagt aber dafür, ungeschickterweisc, schunn lang
haw'i, frau bas, die êr si nit zè sehn.

⁵) Frau Zwibelmann, die zu der wohlhäbigcn bürgcrclasse
der handwerker gehörte, hatte während des strengen winters
ihr haus nicht verlassen, zumal da sie, mit ihrer familie, seit monaten, an den folgen der damals sehr verbreitcten und zu cndc
1813 eingeschleppten epidemie, kränkelte (laborirte). Das volk
nannte diese, durch die soldaten nach Strassburg gebrachte,
krankheit die soldatenpest; die ärzte gaben ihr den nicht vicl
bestimmtern namen nervenfieber, typhus.

⁶) Da die krankheit mit recht für ansteckend galt, so suchtc
man sie, wie gewöhnlich, durch räucherungsmittel zu verhüten
oder zu vertreiben. Der berühmte chemiker Guyton de Morveau,
der 1816 starb, hatte in den jahren 1801-1803, ein *Traité des
moyens de désinfecter l'air* veröffentlicht. Als die typhöse krankheit im dezember 1813 in Strassburg ausgebrochen war, verordnete der Maire Brackenhoffer, am 13. dezember, die desinfec-
tion, besonders in den kammern der einquartirten soldaten,
vermittelst des *appareil dit Guyton Morveau*, aber nur unter
ärtzlicher leitung, vorzunehmen. Den 22. januar 1814 wurden
sogar vom präfekten Lezai-Marnésia allgemeine räucherungen

geschickt, um eine hammelskeule (quällelè, kleiner quallen) und zwölf pfund schweinene rippenstücke (blächlè) zu kaufen, und dass ihr der metzger bloss eingeweidstücke (kuttlè) geben konnte.

13) Aus den reden der beiden frauen geht hinlänglich hervor, dass diese sich nicht mit brod und kartoffeln begnügten, sondern dass sie, an fleisch und gemüss, sich nichts, selbst nicht von den kostspieligen nahrungsmitteln, versagen wollten.

ê-so ist entstanden aus al-so (ganz so), in as-so umgesetzt (vgl. ê-recht, s. s. 96).

suppèdings sind die dinge (kleinen feinen gemüsse), welche man, als zukehrung, der suppe beifügt.

Bermeddiren ist das französische permettre. 's isch nit gebermeddirt hat den sinn von cela passe la permission, das heisst es übersteigt den grad von geduld, den man noch, aus nachsicht, sich gefallen lassen könnte.

14) In rummer drabbè (herum traben) enthält das wort rummer (herum-her) zwei mal, vornen und hinten, die preposition her.

hol's der Schinder! steht für : hol's der Teufel (s. s. 46).

Das harte brennholz, das während des ziemlich langen winters (1813—1814) selten geworden war, kostete, im monat februar 1814, 70 franken das fuder (3 stères).

Die holzhändler wohnten meistens in den quartieren längs den staden, vom Fischerthor bis zum Bungg'wehr (Ponts couverts, gedeckten brücken), und in den vorstädten im Grünenbruch, einem quartier wo damals viele scheunen und gärtnerhöfe waren, und von dem heute nichts übrig ist, als der boden, worauf der Bahnhof steht, und als der name Grünenbruchgasse.

Das wort hin (dè stadè hin) habe ich eingesetzt, um den uncorrecten vers metrisch vollständig zu machen.

15) Während tägliche nahrungsmittel in der Blokade immer seltner wurden, so fanden sich hingegen luxusartikel und andere

waaren, weil sie nicht so begehrt wurden, begreiflicher weise,
in hinlänglicher menge vor. Da aller krieg mehr arbeitstörend
und zerstörend ist, als nützliches produzirt, so verbrachten die
Strassburger ihre zeit im gezwungenen müssiggang, oder in der
geistlosen beschäftigung der parade und wachen-aufzügen. Einige
nationalgardisten, die frei waren, gingen auf die wälle, um mit
fernröhren nach den Kosaken und Kalmücken des kaisers Alexan-
der, in der umgegend, zu schauen. Dies war allerdings eine be-
trübte zeit, wie frau Ziwwelmann richtig bemerkt.

16) nächdi ist gebildet vom alten adjectif nächdig (nächtig,
in der nacht kommend; lat. nocturnus) und bedeutet hier, als ab-
stractes zeitadverb, gestern abend, oder gestern nacht.

Fahnen. Was der mensch oft zu gesicht bekommt, und in den
verschiedensten umständen genau kennen lernt, erhält auch, in
seiner sprache, verschiedene bezeichnungen. So hat der Lappe
gegen 40 ausdrücke um das rennthier zu benennen, der Araber
gegen 150 um das kameel zu bezeichnen. Wenn man demnach die
vielen populären ausdrücke erwägt, um, im deutschen, den rausch
zu benennen, so könnte man geneigt sein zu glauben, dass unter
uns die sache öfters vorkommt, und genau bekannt ist. Der Strassburger hat wohl ein dutzend wörter, wie säbel, fahnen, stern,
hips etc., um den rausch in verschiedenen graden und formen zu benennen. Ich mache mich aber nicht anheischig, solche bezeichnungen sprachlich zu erklären. Was nicht verständig aufgefasst und
ausgedrückt wird, ist auch der vernunft und der wissenschaft
unzugänglich, und unerklärlich. Derlei wörter sind meistens, mit
metaphorischer übertragung entlehnte begriffswörter; aber statt,
durch eine klar eingesehene ähnlichkeit, angewandte metaphren
zu sein, fehlt ihnen jeder vergleich, oder beruht auf irrationellen,
dunklen gefühlen und anschauungen. Man sollte fast meinen, die
meisten ausdrücke für rausch seien von besoffenen aufgebracht
worden, die eben nichts mehr klar und verständig auffassten, und

eine laterne für die sonne zu nehmen im stande waren. Man
begreift z. b., dass das wort fahne dazu dienen kann, um z. b.
den buschigen schwanz des eichhörnchens, oder eines hundes
zu bezeichnen, aber es ist ganz irrationell und arbiträr mit diesem wort den rausch zu benennen. Und daher ist es der frau
Kutzlerer auch nicht sehr zu verargen, wenn sie, unter dem fahnen (welchen herr corporal Ziwwelmann im bierhaus zum lamm,
im Bunggwehr, davon getragen), vorerst eine dem feind abge-
wonnene fahne, versteht.

¹⁷) Die strassburger mundart besitzt, wie andere volksdialekte, eine menge liebkosender schimpf- und schmähwörter.
So wird z. b. dollè (altschweizerisch tellen, tell für stumpf-
sinniger), und dollweck (für toller wicht), öfters, wie hier, als
schmeichelndes schimpfwort gebraucht, um zu sagen naiv, unbesonnen, ungeschickt. Frau Ziwwelmann nennt ihren eheherrn den corporal, einen dollweck, der, wenn er in der mili-
täruniform sich schön gemutzt (s. s. 61) hat, auf der wacht-
stube, zu seinen cameraden pflegt naiv zu sagen : brüder! ich
bin gebutzt. Die unvorsichtigkeit dieses ausrufs der eitelkeit
besteht darin, dass der corporal nicht bedenkt, dass der ausdruck putzen, wie andere ähnliche ausdrücke, bürsten (fr.
brosser), klopfen, striegeln, wichsen etc., in der volks- und
soldatensprache, auch prügeln, schlagen, besiegen bedeutet,
so dass ein geputzter soldat nicht gerade sich seines putzes rüh-
men darf.

Graddlè bedeutet ausschreiten, die beine ausspreitzen, klet-
tern. Das substantif graddl (ausschreitung, überhebung) bedeutet den übermässigen, lächerlichen eigendünkel.

Cäs kommt vom französischen cas, im sinn von importance,
poids, wie in der redensart faire cas d'une chose. Sich è cäs
gèn heisst, also, so viel als se donner de l'importance, sich
wichtig machen.

Hell, in züm hellè krepirè, bedeutet durchsichtig, rein, pur, im gegensatz zur unklaren, unreinen mischung, und ist also auch, wie das lateinische purus, putus, gleichbedeutend mit völlig, vollständig, nichts als.

Diss macht er heddè grad, heisst wörtlich: diesen (graddl) macht (bewirkt, in ihm, der umstand dass) er, als corporal, einen grad hat.

[18]) hops, zur wortsippe hüpfen gehörend, bedeutet sprung, und fehlsprung. Ja! hops! bedeutet also: ja! verfehlte meinung! «mein mann möge es grad oder krumm haben, das ist mir einerlei». Frau Kutzlerer, die sich hier wie oben (s. s. 95) einen qui pro quo zu schulden kommen lässt, nimmt das ihr unverständliche: einen grad haben, im sinne von etwas gerades haben.

Bicker gehört zur wortsippe picken (stechen), und bedeutet stecher. Beeser bicker (böser stecher) bezeichnet jemanden, der, wie ein stachelschwein oder wie eine nessel, wenn man ihn anrührt, sticht. War steht hier unrichtig für isch g'sinn.

Schnallèflicker. Die Strassburger nationalgarde bestand aus 4 cohorten (bataillonen). Zu jeder cohorte gehörten eine compagnie canoniere, 1 compagnie grenadiere, 1 compagnie voltigeurs und 4 compagnien du centre. Zu den canonieren nahm man gewöhnlich die geschicktesten handwerker, zu den grenadieren, die grössten und ansehnlichsten leute, zu den voltigeurs, die jungen gewandtesten, obgleich kleinen männer, und für die compagnies du centre, die zahlreiche classe der unansehnlichen ärmeren bürger. Im bataillon marschirten diese letztern in der mitte, oder in der schublade; in der schlachtordnung standen sie im centrum: deswegen nannte man sie compagnies du centre. Man gab ihnen auch den spitznamen schnallèflicker (schnallenflicker), vielleicht um anzudeuten, dass sie meistens ärmere handwerksleute waren, welche, als

solche, gleichsam die altmodischen, von den soldaten verlachten, grossen schuhschnallen der alten philister, ausbesserten oder flickten.

Krischdirè (klystiren) hat die bedeutung von : ausspülen, abwaschen, und hier, einem zusetzen, durch vorwürfe kräftig zurechtweisen.

¹⁹) Das wort harnisch hat die sonderbar metaphorische bedeutung zorn dadurch erlangt, dass man sagte, den harnisch (kriegsrüstung) anlegen, um anzudeuten, dass man, aufgebracht, sich zum kampfe rüste.

Volksdialekte besitzen von haus aus und bewahren viel länger plastische wortbildungsfähigkeit, als die abstrakt und steif gewordenen literatursprachen. Das diminutive wort saldädel (kleiner soldat) bezeichnet auch den, der, wie ein kind, den kleinen soldaten spielt. Um die gesammtheit eines wortbegriffs auszudrücken, setzt das sprachgefühl, vor das wort, die partikel ge (ga, zusammen), wie in: das gewürm (gesammtheit der würmer), und um die abstraction dieses gesammtbegriffs zu bezeichnen, fügt man, an das wort, die alte neutrale endung es. 's g'saldädels drückt also, richtig und bündig, das benehmen der kleinen soldaten aus, so wie 's gebüebs, das benehmen der ungezogenen knaben, 's geleifs das gesammtverfahren des unnützen hin und her laufens etc.

²⁰) Volksdialekte bewahren unbewusst uralte wort- und ausdrucksformen, die von den lautumänderungen der übrigen wörter zum theil unangetastet geblieben sind. Für nahezu wahr, im sinn von wahrlich!, würde man heutzutage sagen müssen nôd-zü-wohr. Dafür sagte man aber, noch vor kurzem, wärli-na (wahrlich nahe), wer-zi-na! (wahr-zu-nahe, nahe-zu-wahr), und, durch vermischung der beiden formen (wärli [wahrlich] und wer-zi), verderbt und unvollständig wer-zich.

In der sprache der blokirten Strassburger heisst der allgemeine

ausdruck: es ist wieder offen, so viel als, die stadt ist wieder
offen, die blokade ist zu ende.

Wenn man jemand hastig heranrennen (gösten, jästen) sieht,
so ruft man ihm zu, um den grund dieser hast zu erfahren, was
gestest du? was hast du? Daraus entstand die redensart
laufè was gisch dè? was hesch dè? für hastig laufen. Die
hochdeutsche form : laufen was gibst du? was hast du? scheint,
aus der unkenntniss des zeitwortes gösten (jästen), ungeschickt,
entstanden zu sein.

²¹) Frau Kutzlerer war zum letzten mal im garten, am Ste-
phanstag, also den 26. dezember 1813. Die blokade begann
kurz darauf den 5. januar 1814.

Die badischen soldaten nahmen, billig, die im garten vorräthigen
blumenzwiebeln zur nôd (zur nothdurft), wenn sie nichts anderes zu essen hatten. Fluch aber ihren diebischen lieferanten!

Blümele lavêres, corrumpirter name aus dem lateinischen
primulæ veris (frühlings-erstlinge), fr. primevères.

Iwwerentzi (überrandtig, über den rand fliessend) bedeutet
überflüssig. Im iwwerentzijè (im überflüssigen) ist gleichbedeutend mit: im übrigen.

²²) Im Mittelalter nannte man die hölle, auf lateinisch, diver-
sorium inferum (das unterirdische wirthshaus oder herberge).
Der teufel war also der höllenwirth (hellwirth). Aus hellwirth machte man, corrumpirt, herr wirth. Des teufels dank
ist aber fluch; ihm danke der herr wirth! ist also gleichbedeutend mit: der teufel geb' ihm den fluch!

Strassburg, das die reichste gärtnerzunft in der welt besass, ist
auch heute noch gesegnet mit den verschiedensten gemüssen
und obstarten. Es hätte die frau Zwibelmann zur verzweiflung
(deschberirè) gebracht, wenn das frühjahr und der sommer gekommen wären, und sie auf das gemüsse und das obst, der blokade wegen, hätte verzichten müssen.

Mehr, in ken artififè mehr, ist, um den reimes willen, aus dem hochdeutschen, fälschlich, herübergenommen worden: in Strassburg ist es unerhört; man sagt dafür stets : meh.

²³) Immer ist entstanden aus je-mêr (jederzeit-mehr), wie französisches jamais aus lat. jam-magis (jederzeit mehr). Das negirende nimmer hat das volk manchmal substantivirt, wie die franzosen das jamais, z. b., in : au grand jamais. Um das unmögliche, im höchsten grad, dass heisst im geringsten kleinsten maasstab, auszudrücken, bildete man, aus dem substantif nimmer, ein verkleinertes nimmerlein (nimmerlè), so dass nimmerles dâ (nimmerleins tag) den tag bezeichnet, der, auch nicht im geringsten jemals erscheinen wird. Aehnliche diminutifform, bei ähnlichen wörtern, findet sich in der ironischen versprechung, die man · den kindern macht, è goldenes nikselè (nichtschen (unn è silverès ward-è-wilelè (wart ein weilchen).

²⁴) Das gespräch endigt mit der aufforderung oder ermunterung nicht zu verzweiflen, da die stadtthore bald aufgehen werden. Diese aufforderung fällt mit der hoffnung auf bessere zeiten zusammen, welche der autor, in seinen Strassburger mitbürgern erwecken will, und um derentwillen er dieses gespräch verfasst hat (s. s. 85). Aus diesem grund schliesst das gespräch mit den worten : wir wollen das beste halt hoffen.

Das wort halt, das die Strassburger mundart mit recht treu bewahrt hat, ist, ursprünglich, ein aus einem comparatif halter (goth. haltis, norr. helldr) gebildetes adverb. Halter heisst eigentlich geneigter, lieber, eher. « Wir wollen das beste halt hoffen» heisst also: wir wollen das beste hoffen eher als das gegentheil zu thun, oder wir haben eher grund das beste zu hoffen als zu verzweiflen.

²⁵) Die erste Strassburger blokade dauerte, wie oben gesagt, vom 5. januar bis zum 16. april 1814. Den 16. april veröffentlichte der präfekt Lezai-Marnésia eine depeche aus Paris, wor-

nach Charles-Philippe comte d'Artois, bruder des königs
Louis XVIII, in Paris eingezogen sei. Es war also hoffnung auf
baldigen frieden. Dieser wurde erst, in Paris, am 31. mai defini-
tif abgeschlossen. Aber schon am 16. april fing der waffenstill-
stand zwischen den Alliirten und Strassburger garnisonstruppen
an; die thore der festung waren wieder offen, und man schmug-
gelte nahrungsmittel aller art in die stadt.

Man muss annehmen dass der zweite theil des gespräches als
im monat juni abgehalten gedacht worden ist, und dass also
um jene zeit beide theile, miteinander, abgefasst worden sind
(s. s. 87).

[26]) Geld ist folgender maassen zu erklären : vil (goth. vilia,
norr. vil) und vild (norr. vild) bedeutet wille. Aus ga-vilda
(engl. yield, gewilligen, zugestehen) entstand gilda (zugestehen, zugeben), wie, aus gawilia (betrügen), das nordische gi-
lia (bethören), oder das englische guile (betrügen, altfr. guiler)
entstanden ist. Der begriff gild (bewilligung, zugeständniss,
zugabe) erzeugte, einerseits, den begriff der abgabe, des zinses,
des opfers, der zahlung, der schuld (engl. guild, guilt), andererseits, den begriff des werthes, der geltung, weil eine sache das
werth ist oder gilt was man dafür bewilligt oder mit geld (bewilligung, werthschaft) zahlt. Das altdeutsche und süddeutsche
gelt! hat also hier die ursprüngliche bedeutung von gebe zu!
gestehe ein!

[27]) Die namen der verschiedenen art brödchen und gebäcke sind
gewöhnlich von ihrer form entlehnt. Ursprünglich hatten die Strassburger milch- und butterbrödchen, die gestalt eines rundlichen
keils, ähnlich dem zum holzspalten; man nennt sie daher, noch
heutzutage, mit demselben namen wecken womit die Strassburger holzhauer ihre keile benennen. Die runden wecken die man
auf den neujahrstag backt, heissen stollè (stollen), weil sie die
form der zusammengedrückten stollen haben, die man als stü-

tzen oder füsse, unter die schweren, aufrechtstehenden, eichnen kasten stellt.

[28]) Statt des unvollständigen, im ersten druck stehenden, halbverses u f alli hièd geschdeckd ist richtiger, nach meiner correktur, a n alli hièd u ffgschdeckd, und statt des überzähligen holprigen: unserm Herrgott sei's gedankd, ist besser d'm Herrgott sei's gedankt, zu lesen.

Wenn, wie es wahrscheinlich, Prof. Arnold der verfasser dieses gesprächs ist (s. s. 86), so muss man annehmen, da er solche rythmische versehen und nachlässigkeiten nicht hat können verschuldet haben, entweder dass der druck ohne sein zuthun veranstaltet worden sei, oder, was wahrscheinlicher ist, dass dieser äusserst schlaue mann, um den verdacht er habe dieses gespräch verfasst, von sich zu entfernen (s. s. 6), geflissentlich, schülerhafte fehler darin habe einfliessen lassen.

[29]) Ich halte es, sprachlich, für unmöglich dass haidè britsch aus dem böhmischen odegdi brzy (geh bald !) entstanden sei. Haida! ist doch nichts anders als ein ausruf, wie he! da, heida! oder hei-sa!, oder hei-sasa!, und ist hier ein ausruf der aufmunterung. Britsch scheint mir aus brisk (engl. brisk, munter) entstanden zu sein, wie, z. b., das deutsche brutschen aus brusken (fr. brusquer). Heida! britsch! (he! da! munter!) scheint, ursprünglich, ein aufmunterungsruf der berittenen jagdgenossen gewesen zu sein.

Birschdè (bürsten) bedeutet hier saufen; vielleicht weil man für stark und oft trinken, metaphorisch, die gurgel bürsten, durchfegen, durchspülen, sagte. Davon kam nun die sonderbare redensart drinkè wie è birschdèbinder, wobei die bürstenbinder ungerechterweise herhalten müssen, obgleich sie, in der regel, doch nicht durstiger sind als andere handwerker. Bei derlei ausdrücken des volkswitzes muss man es eben nicht genau nehmen mit dem verstand (s. s. 99), so wenig als, bei gewissen

volkssprüchwörtern, mit der höhern moral. Ich finde nicht mehr
verstand in der französischen redensart se brosser le ventre,
für fasten, hungerleiden.

Schnarmülen ist ein verständiger ausdruck, im sinn von : ein
schnarmaul (verbundenes maul) sein. Von schnar (engl.
snare) stammt schnaren, schnüren (zubinden). Einem menschen oder thiere den mund oder das maul zuschnüren, ist ein
passender ausdruck für fasten, hunger leiden lassen. Deswegen
sagt der Isländer, noch heute, snarrandi (zuschnürung), für das
hungerleiden.

[30]) Der fruchtmarkt war, hier in Strassburg, wie in allen städten
des Mittelalters, zuerst bei dem hiesigen rathhaus, die Pfalz genannt, welche auf dem jetzigen Guttenbergplatz (früher Martins-
platz) stand. Die erbsen verkaufte man in den dabeiliegenden
lauben, welche daher grosse und kleine erbsenlauben (s. s. 66)
hiessen, woraus man später grosse und kleine gewerbslauben
machte. Das korn bot man bei der jungfern-apotheke aus, daher
hiess, später noch, dieser platz der firn (alte) kornmarkt.

Anno 1814 war der fruchtmarkt auf dem Broglie und, später,
in der fruchthalle (jetzt Duanenhalle) bei der eisenbahn.

Heizlè bezeichnet in Strassburg die schweine. Dieses bis jetzt
unerklärte wort stammt von heiz, welches gleichbedeutend ist
mit heiss (vgl. einheizen, für einheissen). Heiz, von thieren
gebraucht, bedeutete aber brünstig, ranzig; und da der schweins-
eber für ein ranziges thier galt, so nannte man heiz den
schweineber, und das schwein überhaupt. Da der mensch, im
ursprünglichen socialzustand, als hirte, jäger, fischer, etc., mehr
interesse, als heutzutage, an dem lieben vieh nahm, so bezeichnete er auch das liebe vieh mit liebkosenden diminutifwörtern.
Daher in allen deutschen, slavischen, und romanischen sprachen
die vielen diminutifwörter um thiere zu bezeichnen, wie z. b.
das französische oiseau, agneau, veau, corbeau, moineau, ros-

signol, lapereau, pourceau, goupil, etc., welche, ursprünglich, kosewörter waren, heute aber durchaus nicht mehr weder verkleinerung noch liebkosung ausdrücken. Dem Franzosen ist der gewaltige condor eben so gut ein oiseau (vögelchen), wie der winzige colibri. Deswegen sagte man gleichfalls, um die schweine zu bezeichnen, nicht die heizen, sondern die heizlè. Noch heute aber bezeichnet das diminutif heizel nicht allein das kleine junge schwein, das ferkel, sondern, meistens, die ausgewachsenen thiere.

[31]) Der schelmische autor des gesprächs liebt, wie Aristophanes, derartige ausdrücke zu wählen, die eine, manchmal, sogar anzügliche nebenbedeutung erwecken, wie, oben, schdeck din schwerd in d'scheid, oder, hier, si geniesst nè âü. Die frau Ziwwelmann ist dem könig Ludwig höchst erkenntlich dafür dass sie nun wiederum ihren mann ganz geniessen kann. Sie bricht daher in den ausruf vivat aus, welcher, hier zu ende des gesprächs, die tendenz desselben zusammenfasst; denn diese tendenz und der zweck des verfassers besteht ja eben darin, die günstigen gefühle und hoffnungen, für die neue regierung, bei den Strassburgern, zu wecken und zu pflegen (s. s. 85).

V.

'sJumpfer-Basè-gschbräch.

——

Jungferbasen-Gespräch zwischen den ehrsamen und tugendbegabten Jungfrauen Anna Maria Spitznäsel und Katherina Barbara Krumhälsel. — 1814.

1. Vorwort.

Die erste blokade Strassburgs gieng den 16. april, morgens um 5 uhr, zu ende. Den 17. april wurde der regierungsantritt Ludwigs des XVIII im Elsass proklamirt, und von der majorität der intelligenten und des kaiserreichs überdrüssigen Strassburger bürgerschaft, acclamirt. Am 1. mai, am tag wo der rückkehrende könig den französischen boden betrat, kündigten 100 kanonenschüsse, und glockengeläute in allen kirchen, den Strassburgern dieses ereigniss an. Aber erst am sonntag, den 5. juni 1814, verkündete eine salve von 200 kanonenschüssen, auf den wällen und in der citadelle, mit abermaligem glockengeläute in den kirchen, den am 31. mai in Paris unterzeichneten frieden.

Das gegenwärtige gespräch ist im sommer 1814 abgefasst, und noch im laufe dieses jahres, mit obigem titel, gedruckt worden. Druckort und verfasser sind nicht angegeben. Unter dem titel steht blos: zu finden bei der wittwe Bader, Münsterplatz, n° 15. Preiss: 4 sols.

Das gespräch ist dargestellt als sei es abgehalten worden am

sonntag den 5. juni, wahrscheinlich auf dem Broglie, woselbst
jumpfer Krumhälsel, vom Judenthorwall herkommend, die jumpfer Spitznäsel auf ihrem spaziergang antraf.

Das gespräch beruht auf nichts geschichtlich vorgekommenem,
hat aber offenbar einen politischen zweck, nämlich die traurigen
folgen der unaufhörlichen truppenaushebungen des kaiserreichs,
bis zum knabenalter von 16 jahren, humoristisch darzustellen,
und in dieser hinsicht bessere hoffnungen, auf die neue königliche regierung, im volke zu wecken und zu hegen.

Was nun den ungenannten verfasser des gesprächs betrifft, so
glaube ich dass dieses von Arnold verfasst worden ist. Arnold
war damals professor der rechte, 34 jahr alt, und hatte, für seinen
Pfingstmontag, viele gespräche in Strassburger mundart geschrieben, welche er später, bei dem druck dieses lustspiels, 1816, um
es darstellbar zu machen, aus demselben weggelassen hat. Was
mich glauben lässt dass Arnold das gegenwärtige gespräch abgefasst hat, das ist : 1) die politische gesinnung dieses juristen,
der, wie sein gönner Lezai-Marnésia, sich, aus bekannten gründen (s. s. 87), von Napoleon abgewandt, und den Bourbonen zu-
gewandt hatte; 2) die ironie, die nicht in, aber über dem gespräch der beiden ehrsamen und tugendbegabten jungfrauen
herrscht ; 3) der name der einen jungfrau, Spitznäsel, der an
die nasentheorie des Kleinen Rathsherren Melbrüeij, im Pfingstmontag (3. aufzug), erinnert, nach welcher d'schbitznasè nasc-
wys sind ; 4) das im gespräch angebrachte reine, und gut stili-
sirte französisch des offiziers ; 5), selbst die auch etwas weniger
fein gehaltenen, von Arnold aber, wie von Aristophanes, bisweilen beliebten unkeuschen spässe. (Vgl. indessen s. 56).

2. Text.

Jungferbasen-Gespräch zwischen den ehrsamen und tugendbegabten jungfrauen Anna Maria
Spitznäsel und Katherina Barbara Krummhälsel. 1814.

Schbitznäsel.

Wohien, wohien so g'schwind?; si schîend jo gâr bressîrd;
Si sieht v'rschtewerd¹) üss. — Was isch ir denn bassîrd?

Krummhälsel.

Ach! liewi jumpfer bâs! i bin so g'schwind g'loffè.

Schbitznäsel.

Es laufr'rè²) d'liebschder nôch. Geld si, i hab's gedroffè?
Es bobbelt³) îr jo 's herz, unn si isch so v'rhitzd,
Dass si, am ganze hals, füschdgròssi dropfè schwitzd.

Krummhälsel.

Jo, wärli, 's isch è-sô. I bin dè grêschdè g'fôhrè
So ewwè üsg'setzd g'sinn. 'Sisch mer, sit fuffzeh jôrè,
So ebbs nit arrewîrd. — I hab' am Jüddedôr
Uff'm wâl è dür gemacht. — Jetz schdell sie sich nurr vor,
So kummt è wèlscher herr, unn macht mer kumblèmêndè,
Unn redd mi gradzü ân. — «Mach Er kein schbarjemêndè⁴), »
Haw i glich zü im g'said. «Lòss Er, was ich nè bitt,
«Mich mînè wèj furtgehn; ich kenn dè herrè nit⁵).»
«Saus avoir,» fröüjd er mich, «l'honneur de vous connaître,
«Vous êtes seule ici; voulez-vous me permettre
«De vous offrir mon bras, pour vous accompagner*?»
«Allez moussié,» sâ ich, «Er müess sich nit trombierè,

*Der leser beliebe das französische nach der mundart der Mamsell Krummhälsel
auszusprechen: *p* wie *b*, *b* wie *p*, *d* wie *t* und *t* wie *d*, *vus* statt *vous*, *j* wie *ch*, *en*
wie *ang*, etc.

«I bin von dênè nit di mer am arm kann fierè. »

«Vous êtes bien cruelle; arrêtez un moment, »
Sait er, unn kummt soglich mit sînè santimang.
Sie weiss wie d'welschè sinn. Mid reddè unn mid mienè[6])
Wissè die sapperlôt di wibslidd zè g'winnè[7]).

«Quel joli petit pied! quels beaux yeux! rüft er üs,
Unn düet verschammerirt in mînè neddè füess[8]).
Dernoch lüejt er mich an mit sô verliebdè aüè,
I hab' rè grad gemeind als wodd er mich durchschaüè.

« Ne voyez pas en moi, » sait er, «un séducteur!
« Je veux me faire aimer, et toucher votre cœur.
« Écoutez-moi, de grâce, et dites-moi, ma belle,
« Votre cœur est-il libre? êtes-vous demoiselle ? »

«Zè dienè, » haw i g'said; «lôss Er mich awer gehen,
« Mîn êhr erlaubt mer nit noch länger dô zè schdehn. »

« Je n'insisterai pas; mais veuillez bien m'apprendre,
« Si demain, en ces lieux, vous daignerez vous rendre. »

«Behiet mich Godd dervôr! i gib kein rendez-vus ;
« Adié, mousié, adié, je ne vus verrai plus! » —
Druff haw' i rè dè wèj glich unter d'füess genummè,
Unn bin in grôser angschd dôher zu ihrè kummè.
Jetz will i waidli heim, unn danggè unserm Godd
Dass er in g'nâdè mich geredded üss der nôd.

Schbitznäsel.

Wenn diss isch, jumpfer Bâs, so brüchd si nit zè klaüjè;
Si hett, im gejèdeil, von grôsem glick zè saüjè
Dass, bi der bêsè zit, wo mer ken man mêh sièd[9])
Sich einer wunderbâr von selbschdè anerbièd.

Krummhälsel.

Ja! wenn's kein wêlscher wär! wie kann mer dênè tröüjè;
Si sinn veränderli; mer kann nit uff sie böüjè.

Schbitznäsel.

D'sell wär mer einerlei. Sei sie nit wunderlich;
Di schbröch düet niks derzü; der lieb gilt alles glich.
Si sinn von einem schlâ, d'Franzòsè unn die Ditschè;
Wenn mich nur einer wott, i liess nè nit entwidschè. —
Was isch's denn firr è mann ? isch er jung oder alt ?
Hett er nit ebbs an sich, das unser einem g'fallt?
È wòl geschdaldi nâs kann bi d'r lieb' niks schadè;
Aü halt mer hittis-dâ's vil uf è schèns pâr wadè 10).

Krummhälsel.

Was 's alder anbelangt, so bin i driwwer weck;
Um alles in der weld, mêchd i kein jungè geck 11).
Er hett è bart am kinn; mer müess' nè reschbekdîrè;
Aü isch's ken mann der sich sô an der nâs losst fierè.

Schbitznäsel.

Ei! isch er denn so bês? worum denn, jumpfer bâs?

Krummhälsel.

Bès schiend er ewè nit, — allein er hett kein nâs,
Unn blos è pfläschderlè; si isch im, vor zwei jôrè,
Als er in Moskau war, totaliter verfrôrè,
Doch machd er sich niks drüss; er het, said er zè mir,
Dè dank der naziòn, unn 's êrèkritz derfirr.

Schbitznäsel.

Herr jêmer 12)!, jumpfer Bâs, diss isch jo zum erbarmè!
Wie kann denn ònè nâs è mann sìn frâü umarmè.

Krummhälsel.

D'nâs brüchd er nit derzü; allein, dass Godd erbarm!
Er hett züm unglick nurr è schdumbè vom è arm.

8

·Schbitznäsel.

Ja! — hett er denn doch sunschd gesundi, gradi glidder?
Isch er denn schên gebööt!

Krummhälsel.

Ja! nein, dô himbelds widder[13])!
Uff d'wâdè, wie sie sait, isch er g'wiss nit schdolz;
Er hett nurr einè füess, der ander isch von holz.

Schbitznäsel.

Diss freili isch betriebt: doch mæcht i nit lang faksè[14]);
I liess mir, werzina! kein gröüji hôr drum wachsè;
Nimm si nè wie er isch. Was badd's[15]), s'isch doch è mann;
Wenn er nurr sunschtè noch ebbes breschdîrè kann[16]).
Die männer sinn so rôr, mer brücht sich nit zè schämmè,
Krumm, bucklich, lâm, — kurzum — dè hässlichschdè zè nemmè.
Morjè, wenn si's erlaubt, geh' i mit uff dè wâl;
Unn, isch si nit schalü[17]), so lôssa mer îm d'wâl,
Zè düen was im beliebd; er soll alsdenn entscheidè,
Welli von uns er will: — 's kann sinn er nimmt uns beidè[18]).

Krummhälsel.

Allong! es isch è wort; dô gib ich Ihr die hand.
In kurzer zitt villicht sinn mer im êheschdand.
Schdill, schdill! i glaub mer schiesst! — was het diss zè bediddè?

Schbitznäsel.

Jo wärli! — i heer's âü. — Oh! diss isch firr dè friddè! [19] —
Godd lob! mir sinn erleest!; denk si nurr wodd è glick,
Es kummè unser' lidd üss Ditschland schunn zürick[20]).
An männrè wurd es uns von hitt an nit meh fehlè;
Under vîl döüsendè derfè mer jetz nurr wählè!

Es heisst der kènich will dass, zü des landes wôl [21]),
Ein jeglicher soldat sich glich hìrôdè soll.
Ball gidd's ken jumpfer mêh, es bliwè g'wiss nur wenni.
I hald's ken schdund mêh üss. Vivat, es lêb' der kinni [22]).

---

3. Erklärung.

[1]) Verschtewerd (verstört, verwirrt). Vom italienischen sturbare (exturbare, stubrare) stammen, im deutschen, sowohl stöbern als stören (auseinander wühlen).

[2]) Es laufr'rè für es laufn'erè (es laufen ihr).

[3]) Bobblè (popplen, leise anschlagen) ist die diminutifform von popen, welches aus poken, pochen (anschlagen) entstanden ist.

[4]) Es war sonntag am 5. juni 1814, nach der amtpredigt, dass die ehrsame jumpfer Krummhälsel, auf dem wall am judenthor, (welcher von jeher ein beliebter spaziergang war) allein eine dür (tour de promenade) machte. Ein invalide in den besten jahren, ein welscher (französischer) unteroffizier, der wie ein respektabler herr aussah und es auch war, kam ihr entgegen; und da er gefallen an der Strassburgerin fand, so redete er sie, nach art der jovialen franzosen, ganz unverfänglich und ehrbar an, und machte ihr cumblemende (compliments, s. s. 77), das heisst höflichkeits- und mitunter galanterie- bezeugungen.

Unter einem welschen versteht man heutzutage, im französischen, einen dünkelkaften, nicht fein gebildeten franzosen; damalen war aber das wort noch blos gleichbedeutend mit französisch. Ursprünglich nämlich bedeutete welsch (altdeutsch walahisk) fremd; und die Deutschen benannten, mit dem namen welsche, zuerst die Italiener des heiligen römischen reichs, im

gegensatz zu ihren landsleuten; später bezeichnete er auch die
Franzosen, und diese bezeichnung hat sich noch in Strassburg beim volk erhalten.

[5]) Dass jumpfer Krummhälsel zuerst die absichten des Franzosen
mag misdeutet haben, war bei einer Strassburgerin die an den
französischen gesellschaftlichen ton nicht gewöhnt war, begreiflich. Offenbar will aber, durch ihre etwas barschen antworten,
die sie der jumpfer Spitznäsel wiederholt, jumpfer Krummhälsel
den leisesten verdacht, als hätte sie die anrede des offiziers mit
wohlgefallen aufgenommen, von sich abwälzen. Wenn sie dann
vollends noch behauptet, dass sie der grössten gefahr entgangen
sei, dass sie in grosser angst geschwebt, und dass Gott sie aus der
noth gerettet, so ist dies, wie sie sich selbst bewusst ist, eine
geflissentliche übertreibung, und ein geschickt gewähltes mittel,
mit dieser simulirten pruderie, ihre freudige betroffenheit, ihr
herzklopfen, und ihre schweisstropfen zu erklären. Ihre schrof-
fen, trockenen antworten stechen, unvortheilhaft, von der höfli-
chen ausdrucksweise des französischen herren ab, welcher sich,
in allen seinen reden, als einen gebildeten mann ausweisst.

Schbarjemend (spargement) stammt vom italienischen spar-
gimento (ausstreuung), welches besonders ein ausgestreutes ge-
rede bezeichnet. In Strassburg bedeutet dieses wort die nichtige
rede die man führt, um sich zu sperren (vgl. sperranzjès), um
einen auszuweisen, oder, wie hier, um einen in verlegenheit zu
setzen.

[6]) Die redensart mit reddè und mit mienè ist, wie die redensart oben (s. s. 74), mit mienè un mit blickè, aus der schriftsprache herübergenommen; sie passt nicht ganz zur populären
ausdrucksweise der Strassburger mundart.

[7]) Sapperlôt (für sakerlot), eine verdeckte fluchformel, und
kosendes schmähwort (s. s. 100) für sacra lotio (heilige reini-
gung, heilige salbung). Hier bedeutet es einen der etwas thut

was uns in verlegenheit bringt, dem wir aber nichts desto weniger von herzen gut sind.

⁸) Er dued verschammerirt, etc. heisst erstellt sich, oder hat das aussehn, als ob er in meinen netten fuss, wie durch zauber (charme), vergaukelt oder verliebt wäre.

⁹) Dieser vers enthält den hauptpunkt des ganzen gesprächs, das zum zweck hat zu zeigen, dass das kaiserreich eine böse zeit war auch für die unschuldigen frauenzimmer, weil durch die unaufhörlichen aushebungen von jungen männern zum militärdienst, das heirathen den mädchen äusserst erschwert wurde.

¹⁰) Jumpfer Spitznäsel sieht gern eine schöngeformte nase, und man hielt damals viel auf schöne waden, weil man, besonders seit der rückkehr nach Frankreich der adeligen emigranten, zum galaanzug, das habit français, mit kurzen beinkleidern, trug.

¹¹) Da die jumpfer Krummhälsel, wie sie oben gesagt (s. s. 111.), vor fünfzehn jahren (anno 1799), ein mannbares, den liebesgefahren ausgesetztes mädchen war, so war sie jetzt etwa 35 jahr alt. Der französische dekorirte invalide, der vielleicht als jüngling, in der Revolution, ins militär getreten war, musste damalen wenigstens ein vierziger sein.

¹²) Der ausruf herr jemèr ist entstanden durch die vermischung von herr jé (für herr Jesus) und von o jammer!

¹³) Ja! steht hier wie oft als exclamation für ch-ja (für ach! ja).

Himblè (humpeln), diminutif von humpen und hüpfen, bedeutet kleine hüpfende schritte machen, hinken. Es himbelt ist also gleichbedeutend mit es hinkt, und dieses gleichbedeutend mit es hat einen fehler.

¹⁴) Faksè, (faksen; altd. fahsun) kommt von factiones (fr. façons) und bezeichnet das hin und hergemache um etwas zu stande zu bringen oder zu vermeiden, also sprünge, ausflüchte.

¹⁵) Badd's (bat-s). — Von dem alten wort bat (gut, nützlich)

besteht noch der comparatif besser (goth. batiza), und der superlatif best (goth. batista). Als verbum bedeutet baten gut
sein, nützen, und davon ist abgeleitet das zeitwort büssen (gut
machen, bezahlen).

[16]) Breschdirè (præstiren), leisten, vermögen, vom lateinischen præstare. ·

[17]) Jumpfer Spitznäsel, die sich gemerkt hatte, dass der französische herr der jumpfer Krummhälsel ein rendez-vous auf dem
wall angeboten, ist entschlossen, wenn diese es erlaubt, und nicht
schalü (jalouse, eifersüchtig) ist, mit ihr, sich morgen dahin zu
begeben.

[18]) Er nimmt uns beide ist hier ein etwas unpassender witz,
und zudem grammatisch fehlerhaft ausgedrückt, denn richtig ist
nur uns beidi.

[19]) Friddè. S. s. 109.

[20]) Zürick; in der Strassburger mundart sagt man zèruck.

[21]) Zu des landes wohl; diese ausdrucksweise fällt ganz aus
dem styl unserer mundart heraus, und ist aus dem hochdeutschen
entlehnt. Hier lässt sie sich aber noch vertheidigen, wenn man
annimmt dass jumpfer Spitznäsel hier hochdeutsch sich ausdrückt,
indem sie diese phrase, zu des landes wohl, den proklamatio-
nen des Präfekten und des Maire entnimmt, worin diese phrase,
in jenen zeiten, versprechungsweise, natürlich öfters vorkam.

[22]) Das letzte wort des gesprächs es leb der kinni! zeigt deutlich warum dies gespräch aufgesetzt war. Der verfasser hat jedenfalls eine royalistische tendenz. — Das wort kinni ist nur
in der plebejersprache gebräuchlich; die bürgerclasse bedient
sich der form kênich (s. s. 94).

VI.

'sZweid-Blogadè-gschbräch.

———

Allgemeines gespräch zwischen alten fraubasen. (Frau Baas A... und frau Baas B... treffen sich auf dem Jungen St. Peterplatz an.)

1. Vorwort.

Nachdem die Strassburger die erste Blokade durchgemacht hatten, glaubten sie, unter der neuen regierung Ludwigs des XVIII, endlich ruhe erlangen zu können. Aber, im märz 1815,

> do kummd d'r plöüjgeischd widder von Elba hergeriddè;
> wirft alles drund'r unn driwwer — d'r krîj gehd widder an.

Den 23. märz weht die dreifarbige fahne auf dem münster. Vom 30. juni an werden in Strassburg keine wochenmärkte mehr abgehalten. Der maire-adjunkt Ensfelder zeigt am 1. juli an, dass die stadt im blokadezustand sich befinde, und dieser zustand dauert bis zum 30. juli, wo dann die weisse fahne, zum zweiten mal, die dreifarbige auf dem münster ersetzt. Ohne dass die Strassburger sogleich nachricht davon bekommen hatten, war die erste armee der Alliirten, am 8. juli, in Paris eingezogen. An demselben tag verfasste die geistreiche Strassburgerin, frau Charlotte Engelhardt, das folgende gespräch, dem ich den titel 's zweid-Blogadè-g'schbräch gegeben habe.

Frau Engelhardt war die tochter des hellenisten prof. Johann

Schweighäuser. Sie war verheirathet seit 1804 mit Moritz Engelhardt, der 1858 in Strassburg starb, und der durch seine bedeu-
tenden schriften, unter andern, durch seine jetzt doppelt werth-
volle arbeit über Herrad von Landsberg, ehrenvoll bekannt ist.
(S. August Stœber, Alsatia 1858—1861, s. 363 ff.)

Dass das manuscript dieses gesprächs am 8. juli 1815 in's
reine geschrieben war, geht hervor aus dem datum, das dem
manuscript oben angeschrieben ist, und aus dem journal, das
frau Engelhardt geführt hat. In diesem journal, das, so wie der
literarische nachlass der geistvollen frau, verdiente von den verwandten und erben derselben der öffentlichkeit übergeben zu
werden, steht in bezug auf das gegenwärtige gespräch folgendes:

« .... Weil ich im augenblick nichts in mein journal einzu-
« tragen hatte, amusirte ich mich, ein kleines Blokade-gespräch
« zu machen, das den papa und die andern recht lachen machte ;
« und so hat es, in dieser betrübten zeit, schon seinen zweck er-
« reicht, wenn es auch nicht..... auf die nachwelt kommen wird. »

Das gespräch ist wahrscheinlich, zum theil aus politischen rücksichten, nicht gedruckt worden ; es erscheint hier zum ersten mal
im druck, nach der abschrift des manuscripts, welche buchdrucker
Heitz angefertigt, und seinen elsässischen sammlungen beigefügt
hat (s. catalogue de la bibliothèque de M. Heitz).

Das gespräch, wie es im manuscript verfasst worden, war
ein erster, in manchen stücken noch etwas unvollkommener, entwurf. Es war zum theil eine nachahmung des wahrscheinlich
von Arnold aufgesetzten ersten Blokade-gesprächs, und sollte das
gegenstück dazu bilden. Die darin sprechenden frauen sind nicht
so plastisch dargestellt, wie in jenem ersten gespräch. In der
komik haben von jeher die autoren, selbst im Alterthum und im
Orient, dafür gesorgt, dass der karakter ihrer personen meistens
schon durch einen witzig gewählten namen angedeutet werde.
So hat z. b. Arnold, im Pfingstmontag, durch die geschickt

gewählten namen Starkhans, Mehlbrüeij, Reinhold etc. den karakter dieser personen symbolisch angezeigt. Im gegenwärtigen gespräch aber sind die sprechenden fraubasen nicht unter bestimmten namen, sondern bloss abstrakt, wie nummern, durch die buchstaben A. und B. aufgeführt. Um diese buchstaben wenigstens etwas zu beleben, habe ich mir erlaubt, sie als anfangsbuchstaben wirklicher mysteriöser namen darzustellen, dadurch, dass ich hinter sie einige punkte setzte.

Frau A.... ist bonapartistin quand même. Frau B.... repräsentirt die gemässigte politik der gebildeten klasse in Strassburg, welche, blos aus überdruss über den plagegeist und despoten, sich zu den Bourbonen hinneigte. Diese ansicht war auch die der verfasserin, und sie war auch vorherrschend im hause ihres vaters, des professors Schweighäuser.

Der im manuscript stehende titel: allgemeines gespräch zwischen alten fraubasen, soll entweder aussagen, dass das gespräch als ein populäres (allgemeines) aufzufassen, oder dass der gegenstand von allgemeinem (politischen) interesse sei.

Wenn unter dem titel, zwischen klammern, geschrieben steht, dass die beiden fraubasen sich auf dem Jungen St. Peterplatze treffen, so liegt hiervon der grund wahrscheinlich blos darin, dass die verfasserin in der nähe dieses platzes wohnte (s. das kuppelpelzgespräch).

---

2. Text.

Allgemeines gespräch zwischen alten fraubasen. (Frau Baas A... und frau Baas B... treffen sich auf dem Jungen St. Peterplatz an.)

A.

Wohin. fräü bàs! so gschwind? blib' si è bissel schdehn.

B.

I ha nit zidd, mîn liewi!, i müess nôch kleiè sehn;
Mer weiss, um zu b'kummè, schier nit wohîn sich wendè¹).

A.

Jô! 's isch è helli nôd!.... Was machè ihri endè?
Unn ihri jungi gäns? — denn diss frööj i jetz glich
Wenn i eins uff der gass' von wîttem nurr ersich.

B.

Mè denkt âü allwîl drân; — si sinn schunn gâr zè scheen ;
Mêr schdopfè unsri gäns! — si sott nurr d'lêwrè schn,
Düemes dick hann si schbek, an d'fleijlè unn dè brischdlè,
Mè meint mè müess drîn bissè; doch leider sô gelischd'lè
Sinn ess jetzt nitt erlaubt; mer riechè nummè drân,
Unn 's beschd hewè mer uff, um schbäder ebbs zè hân²).

A.

'S beschd hebt si uff, frâü bàs!, unn wie denn, derf mè frööjè?
Sidder wenn halt sich's fleisch denn in dè heissè dâüjè?

B.

Juscht wîl mer d'hundsdâ henn unn widder îng'schberrt sinn,
Erdenkt mè gâr zè vîl; es käm eim sunnschd nitt în.
I gibb'erè 's rezebt; mè sait es blîbt gar frisch;
Unn wemmè sunnschd niks hett, isst mer's halt wie's âü isch ³).

A.

O! mer verhungrè nit; denn zidder d'welt isch g'schdandè,
Sè isch in Strôssburch niè noch so vîl vieh vorhandè
Unn hie bisammè g'sinn.

B.

Es quäkkelt üverall;
Ues jedem holzhüs wurd, zur jetz'jè zidd, è schdall,
Uff allè dech'rè kräjd's⁴).

A.

Sie! wott si mit mer gehn?
I däd so gern do nüss âü unser läüjer sehn;
D'soldâdè biwaggîrè vor allè unsrè dôrè. —

B.

Frau bâs, i hâ ken frayd an allè dêm rümôrè!
Si schnìdè d'frucht jo ab, unn machè hitlè drüss,
D'grumbêrè machè si noch in d'r blüjet üss;
Wenn's so vier wûchè wärt, so gibt's èn elend hie;
Der mangel gehd schunn an firr d'menschè wie firr's vich!
Es isch ess niks gegunnt, mer hann geglaubt 's isch friddè;
Dò kummt d'r blöüjgeischd widder vunn Elba hergeriddè,
Wirft alles d'ruuder unn driwwer... der krij geht widder ân,
Unn alles müess marschîrè bis uff dè letschtè mann⁶).

A.

Herr jê! fräü bâs! isch sie denn firr dè kinni g'schdimmt?
Der d'lüth'rische ermordt, unn widder d'zehndè nimmt.
Oh! si macht nummè g'schbass: mer duet jo gern èntbehrè,
Um widder d'ehr zè han d'herrè d'r welt zè wêrè;
Nurr und'rem kaiser simm'r è grôssi nâziòn:
Unn isch's d'r vadder nitt, so wellè mer dè sòn!

B.

Na! leb' si zidder wôl!, i müess nôch kleiè sehn;
Unn sie, si hett jo g'sait, si will in's läüjer gehn.

———

3. Erklärung.

¹) Die, unversehens in ihre stadt eingesperrten, Strassburger hatten sich, in der eile, mit allerhand federvieh verproviantirt, da sie dasselbe leichter ankaufen, und bequemer im hause unterbringen konnten. Um dieses federvieh zu nähren, mischte man kleien in ihr fressen, so dass kleien bald nicht mehr zu kaufen waren.

²) Da die Strassburger nicht wissen konnten wie lange die neue blokade dauern würde, so erheischte die klugheit und vorsicht, mit ihren speisemitteln so sparsam und haushälterisch als möglich zu verfahren. Man sparte es sich täglich am munde ab, um hinterher nicht darben zu müssen.

³) Durch das aufsparen der fleischspeisen verdarben viele derselben bei der hitze, so dass man statt frisches, meist schon anbrüchiges fleisch geniessen musste.

⁴) Wenn frau A..., etwas naiv, von dem vielen vieh spricht das sich damals in Strassburg zusammen vorfand, so hat sie, selbstverständlich, kein anderes als das federvieh im sinn. Die enten, wie frau B... beistimmend aussagt, quakkelten überall; jedes holzhaus wurde zum gänse- und hühnerstall; auf allen dächern krähten hahnen.

⁵) In ihrem patriotischen eifer war frau A..., von hause, auf den Jungen St. Petersplatz gekommen, um von da vor das Steinstrasserthor zu gehen, und sich das, vor Schiltigheim, zwischen dem strässel und der landstrasse, errichtete lager zu besehen. Sie wünscht dass frau B... sie dahin begleite.

⁶) Frau B... schlägt diesen gang zum besuche des lagers aus; sie habe, sagt sie, keine freude an dem rumoren (soldatischen handthieren, lärmen, und verderben); es würde sie betrübt stimmen, wenn sie sehen müsste wie unsere eigenen soldaten die frucht abschneiden, um stroh für ihre lagerhüttchen zu bekom-

men, wie sie die ganz unreifen kartoffeln (grumbeeren, grund-
birnen) ausdeleben, somit vieles unnützerweise verderben, und in
wenigen monaten eine hungersnoth herbeiführen werden. Man
habe geglaubt, fügt sie hinzu, es sei frieden, und plötzlich fange
der krieg, durch Napoleon, von neuem an, und begehre die
grössten opfer an leib und gut.

⁷) Die fanatische leidenschaftlichkeit der Napoleonisten und
Bourbonisten herrschte in Strassburg, wie anderswo; sie entblö-
dete sich nicht die widersinnigsten und altvettelischsten lügen,
um ihren gegnern zu schaden, auszustreuen. Die Napoleonsköpfe
sagten, der könig lasse die protestanten (luth'rischen) massakri-
ren, und führe wiederum den zehnten ein. Das Pariser ultra-
royale blatt, die Quotidienne, sprach von religionskrieg, der
in Strassburg sollte ausgebrochen sein, und wobei der lieute-
nant-general Merlin getödet worden sei. Der general-lieutenant
Semélé, damals gouverneur der stadt, der maire Brackenhoffer,
und der lieutenant-général Merlin selbst mussten, am 9. und 10.
august, öffentlich erklären dass gar keine religiöse bewegungen in
Strassburg statt gefunden haben. Dass aber die lust zu religiösen verfolgungen und zur rückkehr zum Mittelalter, zwar nicht
in dem plane der königlichen regierung, aber doch in dem fana-
tismus der ultrapartei lagen, beweissen die schrecknisse der
terreur blanche, das ermorden der protestanten in Nismes,
und, bis auf heute, die aufhetzereien der ultramontanischen presse,
welche noch, vor kurzem im jahr 1872, die Bartholomäusnacht
als ganz zu billigen darstellte. Allerdings verhütete anno
1846, wie heut zu tage, die allgemeiner verbreitete bildung die
religiösen mord- und gräuelscenen; aber man bedenke dass, bei
aller civilisation, immer in einigen bornirten menschen der blut-
gierige tiger schläft, der in unruhigen zeiten, wenn die autori-
tät ohnmächtig ist, erwacht, und in seiner natürlichen wildheit
tobt und wüthet. Die gewöhnliche bildung, die ja beschränkheit

im denken und fühlen nicht ausschliesst, hat nicht verhindert
dass sogar ein Bossuet gottvergessen genug war beifällig zuzu-
sehen wie Ludwig der XIV die Bartholomäusnacht, durch die
dragonaden, en détail vornehmen, und in anderer form wieder-
holen liess.

8) Frau B... findet es nicht am platze mit der kaiserlich ge-
stimmten frau A..., welche, wenn sie den vater nicht zurückbe-
kommen könne, den sohn zum kaiser haben will, in politische
discussion (die ja, wie religiöse, noch niemals jemand bekehrt haben) einzulassen. Sie wünscht der frau B..., bis ihr wunsch er-
füllt werde, wohl zu leben, und verabschiedet sich von ihr, um
kleien zu holen, und um jene das lager bei Schiltigheim besuchen zu lassen.

VII.
'sKatastrophè-gschbräch.

1. Vorwort.

Obgleich die Strassburger, im blokadezustand, eingeschlossen waren, so verbreitete sich doch, in der stadt, gegen ende juli, das gerücht von dem eindringen der feindlichen armeen in das herz Frankreichs, und bald darauf von dem einzug der Alliirten in Paris. Die siegende partei suchte die besiegte dadurch zu schrecken und zu ängstigen, dass sie ausstreute der feind würde diesmal arg mit Frankreich verfahren, und die eingezogenen nachrichten, über die kriegsereignisse und auferlegten kriegscontributionen, schienen diess völlig zu bestätigen. Um jene zeit, oder zu anfang augusts, ist nun folgendes gespräch verfasst worden, welches ich, weil es Frankreichs völlige katastrophe bespricht, das katastrophengespräch betitelt habe.

So wie oben, auf das erste blokadegespräch, ein nachgespräch folgt, welches den ausgang des blocus behandelt, so folgt auch hier, auf das vorige 2. blokadegespräch, dieses katastrophengespräch. Es ist gleichfalls von frau Engelhardt verfasst, und es wird hier zum erstenmal gedruckt, nach der vom buchdrucker J. H. Heitz angefertigten abschrift, welche, mit den anderen Strassburger gesprächen, nun der hiesigen k. universitäts- und landesbibliothek angehört.

Das gespräch ist, schicklicherweisse, kurz gefasst, wie man von katastrophen sprechen soll. Die napoleonisch gesinnte frau A... ist bestürzt, und klagt über das ungeheure unglück, das

über Frankreich nun verhängt wird. Frau B... spricht, uner-
schüttert, wie der chor in der tragödie, wie das unerbittliche
schicksal, wie das weltgericht der geschichte, in dem sie das
Unvermeidliche hinzunehmen empfiehlt, und blos, zum troste, die
katastrophe nach ihrer ursache erklärt. Sie fast sich zusammen
in dem wenig tröstlichen, aber, nach dem gesetz der nationalen so-
lidarität, bis jetz wenigstens geschichtlich wahren satz : dè krij
hett mè jo g'süecht, jetz foljè sîni qualè.

Viel hätte hier die philosophie, nach höherm wissen und gewissen, für praktischen zweck, zu erörtern und beizubringen ;
aber wir unterlassen solche erörterung — die jetzige welt könnte
es noch nicht ertragen — und wir begnügen uns damit, das gespräch bloss sprachlich zu commentiren.

———

2. Text.

's Katastrophè-gschbräch.

A...

Herr jê mer! [1]) Gott! fräü bâs! jetzt zeijè d'find jo în!
Unn dissmôl, sait mè, dass si nimm' so gnädi sinn,
Als wie dô vor'm è jôhr ; sie schdehlè unn si rauwè,
Unn zahlè müess mer nè, es isch schier nit zè glauwè.

B...

Ja ! diss isch ganz nadîrli, eh' mè kann jemè dröüè,
Zè hett als schbrichwort g'sait, dass mè müess zwei môl schauè.
Wemmè dè tîcher hett, sè nimmd mè nèm halt d'klöüè.
Mè hett ès lang gezait wie mè, in 's findsland, hüesd [2]):
Si henn es awer g'schônt unn nit genüe g'müesd [3]) ;

Si henn g'hofft d'gròs naziòn düed nè so besser güed.
Hättè si 's erschd mòl glich, wie jetzt, g'zapft uff's blüed,
So hätt ès nit so g'schwind der hawrè widder g'schdochè ⁴);
D'armee hett's häfelè, mir 's deckelè gebrochè ⁵).
Unn jetz hèmmer kèn wahl, mer müessè's âü bezahlè;
Dè krij hett mè jo g'süecht, jetzt foljè sîni qvalè!

———

3. Erklärung.

¹) Herr jêmer! ist oben erklärt worden als entstanden aus ver-
schmelzung zweier ausrufungen in eine, nämlich Herr je (für
Herr Jesus!) und o jammer!

⁴) Das exempel, das man gibt wie man, in feindesland, hauset
(hüesd), fällt früher oder später auf den der es gegeben · mit
schwerer wucht zurück.

³) Müesè (mausen) heisst wie mäuse diebisch entwenden und
davontragen.

⁴) d'r hawrè schtichd. Im Elsass sagt man, nach älterer deut-
scher form, habern (hawrè) statt hafer. Der hafer, den man
den pferden gibt, macht sie kräftig und aufgeweckt, oder, wie man
sagt, sticht sie im magen, regt sie auf. Daher die redensart: der
habern sticht einen, um zu sagen dass er aufgeregt, lustig,
übermüthig wird. Die Franzosen haben dafür die redensart: il
rue en cuisine (er schlägt in der küche hinten und vornen aus).

⁵) Um auszudrücken dass, bei einer verbrochenen sache, zwei
schuldige sind, wovon der eine etwas weniger schuldig ist als
der andere, gebraucht man die redensart: der eine hat das
häfchen, der andere das deckelchen gebrochen.

———

VIII.
'sKuppelbelz-gschbräch.

1. Vorwort.

Für eltern, besonders aber für mütter, welche heirathsfähige
kinder haben, ist die frage über deren verheirathung natürlich
eine sehr wichtige. Die mütter suchen sich öfters hierüber rath
bei andern vertrauten, bekannten und verwandten frauen; und
zumal verheirathete frauen lieben, bekanntlich, heirathsfähigen
männern und frauenzimmern zusammenzuhelfen, oder, wie man
gewöhnlich sagt, sie zu verkuppeln, und sich dadurch, wenn
auch ganz uneigennützig, ein verdienst hierin zu erwerben, oder
wie man böswillig sagt, sich den kuppelpelz zu verdienen.
Diese angelegenheit ist demnach ein gut gewählter gegenstand
für ein fraubasengespräch.

In gegenwärtigem gespräch, das natürlich sich auf keinen
speziellen geschichtlichen fall bezieht, und das ich das kuppel-
belzg'schbräch betitelt habe, treten zwei fraubasen, in der
wohnung der .frau B..., beim jungen St. Peterplatz, auf. Frau
Bas A..., die töchter zu verheirathen hat, will, bei frau Bas B...,
erkundigungen einziehen über junge männer, unter denen sie,
als ihr anständig und ihren töchtern gefällig, wählen könnte.
Sie sagt, dass sie sich für den ertheilten rath verbindlich und
erkenntlich beweisen werde, anders ausgedrückt, sie verspricht
ihr den sogenannten kuppelpelz. Die verschiedenen vorschläge
der frau B... über, ihr passend scheinende, heirathspartien, werden nach einander zurückgewiesen, theils weil sie nicht dem

geschmacke der frau A.... entsprechen, theils weil sie den vermeinten wünschen und ansprüchen der töchter nicht genügen. Am ende findet daher frau B..., die keine kinder besitzt und kein interesse hat, sich irgendwie einen kuppelpelz zu verdienen, es sogar misslich und bedenklich zu einer heirathspartie zu rathen, und hält im allgemeinen dafür, dass, in solchen angelegenheiten, jede familie, jede künftige schwiegermutter, sich selbst rathen, und mit sich selbst berathen müsse. Diess ist die lehre, welche neben dem genuss der darstellung, die verfasserin des gesprächs zu geben bezweckt.

Das gegenwärtige gespräch ist, wie die beiden vorigen, von derselben verfasserin, frau Engelhardt, was schon daraus hervorgeht, dass es in demselben manuscript-fascikel sich befindet. Es ist auch, wie die beiden vorigen, ein erster entwurf, enthält wie jene dieselben fehler im versbau, und gibt den sprechenden frauen dieselben abstracten namen A... und B....

Das gespräch trägt im manuscript das datum 19. februar 1816, und erscheint hier, zum ersten mal gedruckt, nach der abschrift von Heitz. Ich habe im texte nichts corrigirt noch geändert; bloss die orthographie musste, meinem sprachlichen zwecke gemäss, der wahren aussprache, im Strassburger dialekt, etwas genauer angepasst werden.

———

2. Text.

's Kuppelbelz-gschbräch.

A.

Die nôd isch grôs, frau bâs! di mâidlè wellè männer.
Schdeh' si mit rôd mir bi; si isch jo doch è kenner.

Es gilt dè kuppelbelz unn isch nit ummèsunscht.

I dräf's doch gar zè gern firr alli deil' nôch wunsch. —

Bedenk' si sich è môl — was kammè denn firr wellè?

Was gibt's denn in der schdadd firr artichi jungg'sellè¹)?

B.

Hm! — dô am dribunâl.....

A.

Ah! geh' si! diss isch niks! —

Es isch jo hittis dâs firr d'employés niks fiks.

Mè meint mè hett èn ambd des kann è frau ernährè,

Mè hîrôt sich druff hien; es düet è wîl so währè;

Mè meint mè sitzt im glick; es wurd è kind gebohrè;

Unn eh' mè sich's versicht, sè isch der blatz verlôrè²).

B.

D'leidî revôluziôn....; doch der jung herr brofesser......

A.

Es isch è artjer herr; doch diss isch nit vîl besser;

Es draht èm noch niks în; unn schribd er âü è büech,

Sè drukkt' s' èm jo ken mensch; er nâüjd am hungerdüech³).

B.

Ach! leider 's isch bedriebd...; awer der cabidên.....

A.

Dêr hett è kumbènie, unn dô bî blîbd er schdehn;

Es isch vorbei firr die mit èm avancement,

Unn mer isch jo nie sicher vor èm licencement⁴).

B.

Herr jê! was gibt's denn noch?...; dô der jung theolog....

A.

Ah geh' si weck! è pfarrer!, dem fröüjè si niks nòch.
Meint si denn di mamsellè nämdè è sò è mann,
Der allè suunda breddit, unn der nid danzè kann.
Si wellòn uff dè bâl [5]).

B.

Der advokad! ... frau bâs! [6]) —

A.

Hedd d'schwindsuchd schunn am hals; unn kurz wær dò d'r
gschbass!

B.

Awer d'r aggoucheur! ... diss wär jo gâr b'quêm.

A.

Nein! so è mann, frau bâs!, isch nit gâr ang'nêhm.
Will mer in g'sellschafd gehn, odder hett sunschd ebbs vôr,
Mèn isch schunn uff'èm schbrung, sè schellt's undè am dòr.
«In dêr unn dèrè gass' isch è maddam di krächzt;»
Der mann müess furt in d'schdadd, unn d'frau sitzt d'heim unn
ächzt [7]).

B.

È junger abedêger, — dò sinn è pâr zè hann.....

A.

Geh' si!, è bichsèschlekker!, mit demm käm' i nit ân.
Si düen, jòr üs jòr în, so wieschdi pflaschd'r schmierè,
Unn nit nurr hippecrâs unn bruschtdaik favrizierè [8]).

B.

Kaufflitt gibt's zimmli vil; awer diss isch rissgirt.
Denn eh mè d'hant umwendt. sè hett d'r mann fallirt.

D'gschäffdè gehn zimmli schlêchd; 's geld isch jo gar zè ràr,
Unn allèn auèblick verbiet mën èm è wâr.
Au fangè d'maischdè glich zè vil im grossè ân
Unn wellè alles glich vom allerscheenschdè hann.
Diss g'fallt dè jumfrè wôl; mè mêcht im gidschel fârè,
Unn müess sich's leider oft dernô am müel abschbârè.
Fangt's einer kleiner ân, unn hett è dedail-lâdè
Mit hendschi, schbezerei, mit bauwoll, odder fâdè,
Sè isch's nè zè g'ring; «ei wêr nimmt sô è mann;»
«Jo! dô miesst i mi zwingè!, wenn er niks bessers kann!»
Diss heert mer allè dâ⁹).

A.

Ach, in der weld sinn zwo,
«Unn was di ein nit will, dess ich di ander frôh,»
Sait mè n' im schbrichwort als; eini will all'wil sitzè,
Unn iwwer'r schdiggerei, müsik, unn zeichnè schwitzè.
Èn andri hett è fraid im hües 'rum zè handierè,
Unn düet gar gern è môl è grôssi wirdschafd fierè.
È dritti isch g'schdüddirt unn meecht brofessrè heissè.
Di nimmt èn offezier, mit èm durch d'weld zè reisè.
Doch gar zè vil, frau bâs!, wellè so hôch nit gehn
Unn düen mit ihrer schdrikket gar gern am lâdè schdehn.
Gehn jungi herrè n' vorbei, so düet mè mit nè babblè;
Mè müess dè ganzè dâ nit an der schdrikket zawlè.
Di wîwer wêrè nit vom vîlè sitzè krank;
Ken frauè sinn so frisch als die am lâdèbank.
Isch's aü im winder kalt, wurd's nè im summer heiss,
Bedenk si doch, frau bâs! 's geld, des der mann nit weiss,
Gehlt allewil durch d'hand; — unn so è jungi frau
Kauft was si nurr verlangt; — mè rechd nit so genau.¹⁰)

A.

Sèr wòl gèwè! frau bâs!; wellè mer alli schdänd
Jetzt noch genau durchgehn, odder isch's lied am end?

B.

Ich mein, wenn mir's bedenkè von hitt bis iwwermorjè,
Sè wurd doch jed's am beschdè wòl firr sich selwer sorjè.
Was nutzd di kuppelei? — mè hòlt sich 's deifels dank
Von mann uun frau zèglich; bîm allererschdè zank,
Kummè si glich g'loffè, leiè eim in dè ôrè.
Kuppel sie, wenn si will; ich hab's firr mich verschwòrè.

-----

3. Erklärung.

[1]) Die noth der frau A... ist gross, weil ihre töchter (maidlè, mädchen) heirathslustig sind. Sie verspricht desshalb, gegen gut gegebenen rath und heirathsantrag, den sogenannten kuppelpelz.

Im Mittelalter gab man, für derlei in heirathssachen geleistete dienste, zum geschenk ein paar handschuhe. Deswegen nannte man, in Spanien, eine solche gratification para guante (für handschuh; vgl. fr. pour boire, für trank), woraus die Franzosen paraguante gemacht haben. In Deutschland und im Norden gab man, zumal den männern, einen pelzrock; weswegen das, für gestiftete heirath, gemachte geschenk auch metaphorisch den namen kuppelpelz erhielt.

Frau A... möchte gern eine wahl treffen, die für sie als schwiegermutter, wie für jede ihrer töchter (vor alli dail) nach wunsch wäre. Sie befragt daher was es für angenehme und annehmbare artige junggesellen in der stadt gäbe. Damals heirathete man in Strassburg, besonders im bürgerstande, selten ausserhalb der stadt.

²) Der frau B..., die in der Blauwolkengasse wohnt, fällt der
junge nachbar ein, der am tribunal (gerichtshof) angestellt ist,
und in der nähe desselben wohnt. Frau B..., die, mit praktischem
sinn für ihren künftigen schwiegersohn besonders eine feste stellung wünscht, verwirft deswegen, im allgemeinen, alle beamten (employés), die von der regierung abhängig sind. In zeiten
wie die zu anfang der Restauration, wo die parteien sich mäch-
tig bekämpften, und die regierung sich genöthigt sah, eine épu-
ration des fonctionnaires vorzunehmen, waren die des na-
poleonismus und liberalismus von fern her verdächtigten leicht
in gefahr, ausgeschieden zu werden. Die besorgnisse der frau B.
waren also, besonders in beziehung auf die richterlichen und ad-
ministrativen beamten, welche sehr von der regierung überwacht
wurden, nicht ganz ungegründet. In jener zeit, um ein beispiel
unter hunderten anzuführen, wurde der dekan der rechtsfakul-
tät prof. Arnold, wegen seines liberalismus, seiner stelle als prä-
fekturrath entlassen.

³) Frau B... war im begriff, sich politisch auszulassen über
die leidigen revolutionen, welche in Frankreich die parteien ver-
mehrt, und somit die stellung der beamten, im partei-kampf, un-
sicher gemacht haben. Sie unterlässt aber diese angefangene
expectoration, da ihr ein anderer heirathscandidat, der junge
professor X... eingefallen ist. Aber frau A... findet, dass die
professoren nicht günstiger gestellt sind; sie seien königliche be-
amte wie die andern; ihr gehalt, im vergleich mit dem einkom-
men der kaufleute und industrieherren, sei sehr mässig; und wenn
sie auch ansehen und ruhm durch bücherschreiben erlangen, so
werden sie dabei nicht reich, und bereichern höchstens ihre verleger, wenn sie deren finden; bei allem ansehen können sie, wie
man sagt, am hungertuche nagen.

Die redensart am hungertuch nagen entstand folgendermas-
en. Während der fasten und der passionszeit ist der altar, in den

kirchen, statt mit einem farbigen, mit einem schwarzen tuch
bekleidet. Dies schwarze tuch der fasten heisst auch, wegen der
fasten, das hungertuch. Am hungertuch nagen ist der hyper-
bolische ausdruck für hungern, oder, wie in der fastenzeit, leib-
lich noth leiden.

⁴) Auf den vorschlag zu gunsten des capitains X... entgegnet
frau A..., dass die kriegszeiten jetzt vorüber sind, wo die offiziere schnell und leicht avancirten; jetzt seien diese nicht sicher
vor der abdankung (fr. licenciement). Die Restauration nahm
anfangs wirklich die epuration der armee vor, worin noch so
viele Napoleonsköpfe versteckt waren. Alle des bonapartismus
und des anticlericalismus verdächtigen oder verdächtigten bürgerlichen offiziere, wurden nach und nach licenziert, und durch
adelige und emigranten ersetzt.

⁵) Für junge frauenzimmer aus dem bürgerstande, welche,
nach der neuen mode, geschmack daran fanden und somit auch
das bedürfniss empfanden, auf die gesellschaftsbälle, picknicks
und redouten zu gehen, war die heirath mit einem pfarrer und
das stillleben im pfarrhause nicht gerade verlockend, und deswegen auch nicht den lustigen häuten anzuempfehlen.

⁶) Dass frau A...., für ihre gesundheitsstrotzenden, liebever-
langenden mädchen, die heirath mit einem kränklichen herrn,
wäre er auch ein beredter und berühmter advocat, nicht an-
nehmbar findet, werden gewiss meine geist- und körpergesun-
den leserinnen ihr nicht verdenken.

⁷) Der name accoucheur beweisst, dass diese ärztliche ge-
burtshülfe nach Strassburg von Frankreich aus gekommen ist,
wo diese praxis, sammt dem namen, schon zu anfang des 18.
jahrhunderts bestand. Da die accoucheurs in Strassburg, wie
anderswo, meistens zu reichern frauen gerufen und für ihre
dienstleistungen reichlich bezahlt werden, so ist diese praxis
in unserer stadt eine sehr einträgliche. Die bürgerfrauen, in-

dessen, ziehen den accoucheurs die hebammen vor, nicht aus
ökonomie, noch aus schamhaftigkeits- oder religiösen gründen,
sondern sie fühlen unbewusst, dass das geschäft der geburts-
hülfe, in den meisten fällen, ein geduldiges abwarten und gehen-
lassen der natur erheische, welche weniger für den ungeduldigen
charakter des mannes passt, der beschleunigend einzugreifen
geneigt ist, als für das geduldige wesen der frauen, welche zu
solchen voreiligen eingriffen viel weniger aufgelegt sind.
Aber derlei betrachtungen kommen, natürlich, hier, bei der guten frau A... nicht in erwägung. Sie findet blos, dass für ihre
tochter so ein accoucheur ein nicht gar angenehmer mann
wäre, da sein geschäft ihn öfters des nachts von hause ruft, so
dass dann manchmal seine, auf den besuch einer brillanten abend-
gesellschaft sich freuende ehehälfte, auf dies vergnügen plötzlich
verzichten müsste, weil der eheherr sie nicht dahin begleiten
könnte. Deswegen verhält sich frau A... ablehnend, bei dem vorschlag, obgleich frau B... ihr diesen gefällig zu machen sucht,
indem sie, die kinderlose, schelmisch, zum voraus an die junge
dame erinnert, die einstens krächzen wird, und es dann so bequem fände, im eigenen hause, im eigenen gemahl, den accoucheur zu haben.

⁸) Als bewunderer Dantes schätze ich die apotheker, in
deren zunft, zu Florenz, dieser grosse geist eingeschrieben war.
Uebrigens erkläre ich von vorn herein, dass in der ansicht der
frau A... und der frau B..., für und wider die apotheker, ich mei-
nerseits ganz unbetheiligt bin; ich kann nicht im entfernten
sagen: son' apotecario anch'io.

Apotheker haben von jeher in Strassburg eine verdiente güns-
tige stellung eingenommen. Das volk sagt übertreibend, fast
sprichwörtlich, ein apotheker gewinne jährlich 100 pro cent:
nur bedenkt es nicht immer, dass die apothekerwaaren darum
so sehr theuer sind, weil, durchschnittlich, eine frisch ange-

fertigte medicin, eben für viele abgestandenen medicamente, zum
ersatz, bezahlt werden müsse.

Frau A... würde, wie sie sagt, einen apotheker zum schwiegersohn sich gern gefallen lassen, wenn diese herren bloss
hippokras (den hypokratischen gewürzwein), und den von den
damen so beliebten süssen brustteig zu verfertigen, und nicht auch
noch, für gewisse eklige schäden, gewisse pflaster zu streichen
hätten. Dagegen möchte ich der hohen frau A... ergebenst zu bedenken geben dass, bis jetzt, die frau apothekerin noch nichts, in
der apothekerküche, zu laboriren hatte, noch darin unangenehmes zu sehen und zu riechen genöthigt war ; dass aber die
zeit kommt, und vielleicht schon nahe ist, wo, an der Strassburger
universität, junge apothekerinnen sich ausbilden werden, welche,
ihrer seits, mit recht begehren dürfen, dass ihr künftiger gemahl,
an ihrem pflasterstreichen, kein heikliges bedenken und missbehagen finden wird.

⁹) Nil ab omni parte beatum (nichts ist von jeder seite
vollkommen). Frau A... weiss, in ihrem weiblichen scharfsinn,
die kehrseite auch der guten dinge hervorzuheben. Ueberall sind
die geschäfte der kaufleute wohl die einträglichsten von allen.
Aber im handel ist mehr als anderswo risico ; man kömmt, über
handumkehren, ins falliment. Die geschäfte können, wie 1816,
schlecht gehen, das geld rar sein, und die duanengesetze dem
verkauf gewisser waaren grosse verlegenheiten bereiten. Mancher kaufmann, sagt frau A..., fängt gross an, hält die schönsten
waaren, wodurch er die heirathslustigen fräulein für sich ge-
winnt, da sie hoffen, wenn sie ihn heirathen, im eigenen gidschel (kütschchen) kutschiren zu können ; aber solche grosse
anfänge, frau A... sagt es uns, nehmen oft ein kläglich ende.
Ist ferner der kaufmann ein klein- und kurzwaarenhändler,
da ist dann keines der wählerischen bürgerfräulein, welche es
nicht, an der ladenbank zu sitzen, unter ihrer würde hielte. Ich

kann hierauf nur erwiedern : Vous parlez d'or, ma chère
dame!

[40]) Alles zusammengefasst, finde ich, dass die praktisch ur-
theilende frau A... noch, durch das praktischere und wirklich phi-
losophische judicament der frau B..., übertroffen wird. Diese weist
richtig darauf hin, dass die anforderungen zur heirath, bei den
fräulein, verschieden sind, und dass auch eine mit der strikket
(in Strassburg sagt man die strikket) am ladenbank stehende
bürgersfrau, dabei ein höchst angenehmes und glückliches leben
führen kann; es geht ihr ja alles geld des erlöses durch die hand,
und solche frauen können sich manches anschaffen, weil der
eheherr, der nicht immer ein strenger, richtiger kaufmann ist,
nicht gerade genau mit ihnen abzurechnen pflegt. — Dies könnte
ein wink sein für manche Strassburger bürgerstöchter; er könnte
ihnen vielleicht zum glück verhelfen, aber viele, glaube ich, wollen
ihn nicht verstehen.

IX.

'sSundâs-gschbräch.

**È sér ernschthafts g'schbräch zwischè drej Schtrossburjer wiwer nóch d'r
Preddi angschdellt iww'r di jetzigè zittè.**

1. Vorwort.

Strassburg erfuhr, im zeitraum von 1816 bis gegen ende 1818,
in kleinerm maasstabe, was Frankreich, im grössern, erlitt und
durchzumachen hatte. In folge der kriege und der invasion von
1814 und 1815 lag viehzucht und ackerbau darnieder. Die theuerung nahm zu durch die, im frühjahr und sommer 1816, fort-
während herrschenden regengüsse. Die noth trat ein mit 1817,
und das volk schrie über die räuberischen fruchtwuchereien.
Handel und industrie waren nicht mehr so blühend wie unter
dem kaiserreich; viele Strassburger fabriken stellten die arbeit,
und mehrere kaufmannshäuser, die bankrott wurden, ihre zah-
lungen ein.

Das missbehagen erzeugte beim volke skepticismus, während
andererseits, auf dem lande und in der stadt, dummer aber-
glaube auftauchte. Die ultratheokratische partei suchte, durch das
missions- und schulwesen der Pères de la Foi, die octroyirte con-
stitutionelle verfassung zu untergraben. Die terreur blanche in
Südfrankreich erzeugte gräuelscenen, wie sie zur zeit der dragonaden vorgekommen waren. Man strebte darnach die cours

prévotales beizubehalten, und die main morte dem klerus wieder zu vindiciren.

Indessen hatte man doch auch aussicht auf bessere zeiten. Nachdem die vollständige bezahlung der kriegskosten, so wie die liquidation der anforderungen von privaten 1818 erfolgt war, beschloss die monarchenversammlung, zu Achen am 9. oktober 1818, den gänzlichen abzug des occupationsheeres; und am 15. november desselben jahres unterzeichnete Frankreich die grundlage des politischen systems, und trat wieder in die reihe der europäischen mächte. Mit dem liberalen ministerium unter Decazes und dem neuen recrutementsgesetz brach, gegen ende 1818, für Frankreich gleichsam eine neue morgenröthe an.

Das volk bespricht, in seiner art, alle gegenstände der tagesgeschichte. In jener zeit sprach es, in Strassburg, von der theuerung, dem fleischmangel, dem fruchtwucher, von den bankrotten, von arbeitseinstellung in den fabriken, von der lotterie, von dem aberglauben der bauern, von stadtgeschichten, und dem bevorstehenden recrutement. Alle diese gegenstände werden, in gegenwärtigem gespräch, durchgenommen.

Der verfasser hat zum zweck, dem volke zu zeigen, dass obgleich die zustände in Strassburg vieles zu wünschen übrig lassen, dieselben denn doch noch ganz erträglich sind, und dass man das üble, in der hoffnung auf die bessere zukunft, mit geduld tragen müsse. Dass das gespräch, gegen allen anschein, doch eine politische tendenz verfolgt, geht schon daraus hervor, dass auf der vierten seite unten steht: Colmar, gedruckt bei J. H. Decker, königl. buchdrucker, 1819. Der ganze titel auf der ersten seite des bogens lautet: Ein sehr ernsthaftes gespräch zwischen drei Strassburger weibern, F. Dickhansin, Fr. Käthrin und dem Bäsel Susanne, nach der predigt angestellt, über die jetzigen zeiten.

Der verfasser des gesprächs ist wahrscheinlich professor Ar-

nold. Um aber nicht als verfasser entdeckt zu werden, liess er es,
wie manche seiner flugschriften, ausserhalb Strassburg drucken;
und damit man nicht auf ihn rathen möge, liess dieser schelmische mann, vorsätzlich, in das gespräch einige incorrektheiten
des versbaues und dialogs, die man ihm nicht zutraute, einfliess-
sen. Was aber auf Arnold' als den verfasser hindeutet, ist überhaupt die ganze haltung und der styl des gesprächs, welches zu
den besten dieser art gehört. Auch gewisse einzelnheiten und
eigenthümlichkeiten des gesprächs lassen auf Arnold rathen. So,
unter anderem, der name der frau D i c k h a n s è (fr. Grosse
Jeanne), der an den namen S t a r k h a n s im P f i n g s t m o n t a g
erinnert, und die versification, die aus jambischen tetrametern
besteht, denen jambische trimeter folgen, ähnlich dem vers-
maass, das Arnold, im liede des kochersberger bauern Klaus, im
P f i n g s t m o n t a g, angewandt hat.

---

2. Text.

È sèr ernschthafts g'schbräch zwischè drej Schtrossburjer wiwer nôch d'r Preddi
angschdellt iww'r di jetzigè zittè¹).

Frau Käthrin.

A! gütè dâ, frau Dickhansè.
  I glaub' Si gehd schbazîrè²).

Frau Dickhansè.

Lüj dô! isch Si's, frau Kätherîn?
  Lôst Sî sî âü verschbîrè³).

Frau Käthrin.

Jô! î bin in d'r preddi g'sinn,
  Bis drüs zè Sant Aurelè⁴).

Was dò è menschèschpil isch g'sinn;
    Es isch rè nit zè zählè [5]).

Frau Dickhansè.

Wenn's nit so wit wär, wär i au
    È mòl schunn nüs gelòffè;
Doch bin-i-è zü è dicki frau;
    Mich hätt' è fluss gedròffè [6]).
Sâ Si mer nün was hett merr hitt
    Dè liddè vorgedrâüjè?

Frau Käthrin.

Merr hett g'hett vonn dè beesè litt,
    Wie's g'wissè si düet nâüje,
Unn vonn d'r gròssè wüecherci,
    Wie merr in sindè wandeld;
Wie jez so mancher ohnè schei,
    Wo geld hett, fruchd înhandeld,
Unn wie so mancher braver mann
    Sich nimmi weiss zè deckè,
Unn wenn er niks verdienè kann,
    Sich müess inn schuldè schdeckè [7]).

Frau Dickhansè.

Potz himmel! wie isch diss nè g'scheckt!
    Diss hätt' i meegè hëerè;
Dò-d'rân hett sich jez mancher beck
    Unn gardner kennè kehrè [8]).

Frau Käthrin.

Dî kehrè sich è Deifl d'rân,
    Dî lossè d'litt nurr brummè;
Si fressè ihrè bettelmann,
    Unn süffè ihrè krummè [9]);

Frau Dickhansè.

'Sisch leider freili' gròss s'misèr;
    Merr kann faschd nimmi läwè,
Z'schaffè kriejt merr au niks mêr;
    Kenn mensch will eim ebbs gäwè[10]).

Frau Käthrin.

Mìn mann isch geschd im bierhüs g'sinn,
    Bis drüs in dè vier windè;
Er hett è bissel arweit g'süecht;
    'Sisch aw'r niks zè findè.
Chja! giengè di favrikkè noch,
    Dô könnt merr ebbs g'winnè[11]).

Frau Dickhansè.

Jò! läbt' nit unser Herr Gott noch,
    Merr käm faschd ganz von sinnè.
È sind isch, wie merr läwè müess;
    Merr derf faschd niks geniessè.
Mìn mann hett geschdrè vor v'rdruss ·
    Gâr wellè sich erschiessè.
Es geht eim faschd kenn cónto in;
    Merr hett doch au zè zahlè[12]).

Frau Käthrin.

'Sisch sô, wemm merr ken wasser hett,
    So kamm merr au nit mahlè.

Frau Dickhansè.

An's fleisch isch nit zè denkè mê;
    Die metzjer düen 's wohl schbierè,
Unn gäb's jez au noch kên kaffee,
    Mit was sich regalierè[13])?

Frau Käthrin.

D' ganz wuch isst merr kein mummpfel fleisch —
    Z'letscht haw'i geld bekummè;
Dô hawi in d'r metzi glich
    È brädel mitgenummè :
Was meint Sî, dass mi diss hett koschd?
    Glich vierzig sü verhobbeld;
Mîn mann, der hett sich so erbôst,
    Er hett mi faschd gezoweld[44]).

Bäsel Susann' (dazukommend).

Botz-abrobo! di Bärwel hett
    Meineidi vîl g'wunnè.
Eins, elf, unn vieri hett si g'setzt;
    Hätt' i 's nurr au g'nummè[45]) !

Frau Dickhansè.

O! i ha jô schon êwi lang,
    Achd, sechs, unn vierzêh g'setzd,
Unn mîm mann sînnè sunndâsrock
    Schunn zwei môl d'rum v'rsetzd;
È scheeni ziech vom unterbett
    Die will' i jetz verkaufè,
Unn wi i' s'geld kriej, uff der stell,
    Glich mit in's bürô laufè[46]).

Bäsel Susann'.

I setz mîn lewesdâ nit mê
    In di fatal lott'rie;
Merr kummt voll's um sîn bissel geld,
    Mer weiss, mîn seel, nit wie.
Potz-himmel! — 's schlät schun halwer zwölf! —
    Jetz müss i wärli gehè[47]).

Frau Dickhansè.

O ! blib Si nurr è bissel noch
    Bi uns zè babblè schdehè.

Bäsel Susann'.

Jez müss i furt.... sunschd wurd min mann
    Am disch noch mid mer brummè.
I haw' im g'sait, i will unn kann
    Glich noch der preddi kummè[18]).

Frau Dickhansè.

So heer Si doch nur noch è wort :
    Hett Si niks heerè sâüjè ?
Merr sait jo d' Dytschè kummè furt,
    Mit samd d' ross unn wâüjè[19]).

Bäsel Susann'.

O geh' Si, Bäsel, schwei Si still,
    Dem ding isch nit z'tröüjè;
Merr redd jez hittès dâs gar vil,
    Unn meischdens sinn's nurr löüjè;
So sait merr âü der Bunnebard
    Isch von d'r insel g'loffè :
È schiff wo noch Oschdindiè fârt,
    Diss hett' nè angetroffè[20]).

Frau Dickhansè.

Dêr soll nurr bliwè wo er isch ;
    Dèn'n kann merr wohl entbehrè ;
Dêr sitzt uff sîner insel frisch ;
    Dort kann 'r mores lehrè[21]).

Bäsel Susann'.

I halt nit vîl uff bolidik;
　　Was nutzt dîss rässonierè?
Fürr unser eins isch's gar ken schick;
　　Mer düed nurr zitt verlierè ²²).

Frau Käthrin.

Mîn seel', è ziddung isch è mär,
　　Wie d'Süsel 's kann erzeclè;
Wenn ich è richi madam wär,
　　Dî däd i mer erweelè.
Do miêst si mer d' ganzè dâ
　　Pür neiihkeidè bringè
Unn z'nacht, hätt' i mîn kunk'l â,
　　È geischdliss lied vorsingè ²³).

Frau Dickhansè.

Zum Deifel âü! jezz fall's mer în;
　　I mües meineidi lachè,
'S hett einer jo üs zahmè schwîn
　　Pür wildi wellè machè.

Frau Käthrin.

Der isch jô hell è stick'l vieh;
　　Kamm'r sô raffenîrè!
Unn as è so à g'scheid'r mann
　　Sich lossè sô anschmierè ²⁴)!

Bäsel Susann'.

Jô! z'letscht hênn si im bibb'lschbîl
　　Vom bifflèmodd achirèd.
'sHanswurschd sin frau hett neimodisch
　　È paar galan traktirèd.

Ess isch infâm èvorgèbròcht;
    Merr gehd schier druff vor lachè;
Wie eins imm andrè, in d'r welt,
    Doch süechd è spück zè machè[25])!

Frau Dickhansè.

Potz blüeschd! herr je! dü liewer Gott!
    Diss hätt' i faschd vergessè :
Ess machè jez sò vìl bankrott;
    Mer kann's imm bläddel lesè.

Frau Käthrin.

Jo! 'shett sì einer schreckli wieschd
    Inn d'schuldè nîn g'rissè,
Unn, wi merr saît, so vieli litt
    Um ihr v'rmeijè b'schissè[26]).

Bäsel Susann'.

Dè dokder gehd's jez âü in d'schüe;
    'Sgidd nimm' vîl zè kurîrè,
Sid demm als sich d'r wunderbüe
    Inn Oddrodd lôst v'rschbîerè[27]).

Frau Käthrin.

O geh Si! 'sisch èn alwers ding;
    I halt' niks uf dì kürè;
I gäb' dofirr ken pfifferling ;
    Sò dings isch güed firr d'bürè[28]).

Frau Dickhansè.

Sò sait mer's mîn herr dokder âü;
    I meechd niks von îm kaufè;
Mer sait gâr, d'lahmè machd er sehn,
    Unn d'blindè machd er laufè[29]).

Bäsel Susann'.

Er hett gewiss sô vil magnet,
    Dass alli schädè wichè,
So ball als er bî einem schtehd
    Unn fangd si an zè schtrichè[30]).

Frau Käthrin.

Jo! 'sBärwel isch z'letschd vor ach'–dâ
    È biss'l zü mer kummè;
Dî sait es hett' nè è person
    Zü sich in's bedd g'nummè;
Unn dô er z'nachd vîl g'essè hett,
    (Wer hett dîss kennè wissè?)
So hett er, salva vênia!
    Ihr d'bein unn 's bedd verschissè[31]).

Frau Dickhansè.

O jê! — isch diss magnetisiert?
    Bedank mi's fir sô kürè!
So gehd's — so wurd mer angeschmiert
    Unn müess sich nôchher schürè.

Frau Käthrin.

Der liewi herr Godd hett d'n arzt
    Unn d'arzenei erschaffè;
Zu dênè müess merr d'rum âu geh'n,
    Unn nîmôls zü sô affè[32]).

Bäsel Susann'.

Herr jê! schunn zwelf! — jez müessi geh'n;
    Mîn mann wurd essè wellè;
Merr sinn jez müederseel allein,
    Unn schaffèn ohnè g'sellè[33]).

Frau Käthrin.

So leb' sie wohl; doch wenn sie kann,
　　Kumm si morn zü merr spinnè;
Min mann d'r sitzd im Bälikân
　　Und lait d'n ekkâr drinnè; —
Unn nochmiddâ sinn merr allein,
　　Und kennè kâffe trinkè;
Jez adjè; leb' sie wôl, frau Baas!
　　Wenn's k'hîr isch, will i winkè [34]).

Frau Dickhansè.

Frau Käthrin! jez nurr noch è wort;
　　Merr sait vom rekrüdierè —
Was meint sie? müess mîn Sebb'l furt,
　　Unn under's kôr marschierè [35])?

Frau Käthrin.

Merr sait, es isch noch nit an dem;
　　Doch kann's noh derzü kummè —
Jez mües i furt, denn d'wâchd zeiht uff;
　　I heer von widd'm drummè [36]).

Frau Dickhansè.

Jo! geh sie nurr! sie sait mer's doch,
　　Wenn je ebbs drüss sott werè,
I schick glich mînè büwè furt
　　In's Ditschland zü'm è herrè.
Denn sô nè büe wie mîner isch,
　　Düed mer mîn mann oft saüjè,
Dèr soll merr keinè fedderwisch
　　Und keinè küehfüess draüjè [37]).

I wend die letzti heller dran,
    Unn wenn's mer je sott fêhlè,
So düe' i ehnder im è mann
    Uff mîni keschdè schdellè.
Merr hann, gottlob! no' wôl sô vil,
    Noch fuffzè acker rêwè;
Die düe i, wenn mîn alter will,
    Glich unserm schwöüjer gèwè [38]).
Du liewer Godd! wie gehd's eim doch
    Bi so fatâlè ziddè ;
Merr mêcht vor pürer ärjerniss
    Bis nôch Grenovel riddè [39]).

Frau Käthrin.

Habb' sie geduld! wie alli lidd ;
    'S lôsst sich jetzt niks erzwingè;
Denn durch geduld, vernunft und zidd,
    Mües alles doch gelingè [40]).

---

3. Erklärung.

[1]) Das gespräch wird ein sehr ernsthaftes genannt, weil es sich über die damaligen zeiten oder über die zustände der Strassburger, in den jahren 1816-1818, auslässt. Diese zustände waren damals, wie überhaupt die lage Frankreichs, in manchem höchst misslich.

Das gespräch ist dargestellt als ob es an einem schönen septembertag 1818, nach der amtpredigt, also an einem sonntag morgen nach 11 uhr, abgehalten worden sei, wahrscheinlich auf dem Paradeplatz (jetzt Kleberplatz genannt).

²) Die frau Katherin kam, nach der predigt zu St. Aurelien, vom ende der Weisthurmstrasse, auf den Paradeplatz, wo, bei dem guten wetter, frau Dickhans, die wegen ihrer beleibtheit nicht zu rechter zeit in die amtpredigt kommen konnte, ihren vormittagsspaziergang machte.

³) Sich verspüren lassen heisst hier zum vorschein kommen, nach längerer zeit wieder sich sehen lassen.

⁴) Alle stadtquartiere die ausserhalb der städen (längs der Ill) und den gräben (längs der Breusch) lagen, heissen draussen (drüss). Da die kirche St. Aurelien (d'Treljerkirch) jenseits der ehemaligen gräben (später faux-remparts genannt) liegt, so sagt hier frau Katherin bis drüss.

Die populäre aussprache d'Treljer Kirch (für Sankt Aurelιener Kirche) erklärt sich folgender maassen. Für sankt sagte man, im volke, theils san (sam) wie in: Aldè Sam Peder (für alten Sankt Peter), theils sank oder sant; und bei abwerfung von san, blieb in der aussprache von sankt entweder blos *K* oder *T* übrig. So entstand aus Sank-Urban (für Sankt-Urban) die aussprache K-Urban, und K-Urwau (für Sankt-Urben-au, s. s. 96). Desgleichen aus Sankt Johannis entstand K-Hanns, in K-Hannsstaden (Sankt Johannis staden). Andererseits sagte man für Sankt Aurelien blos T-Oreljè und Treljè, und somit für die Sankt Aureliener Kirche, blos kurzweg d'Treljer Kirch.

⁵) Der prediger der damals, in St. Aurelien, einen grossen zulauf aus allen stadttheilen hatte, war der beredte pfarrer Gambs (august 1814 bis october 1822). Der stattliche mann, der das hochdeutsche rein und gewandt sprach, gefiel dem besseren theil der bürgerschaft, besonders weil er die veralteten dogmen bei seite liess, und den moralischen, praktischen theil des christenthums, wodurch allein die religion stets ihre macht auf die gemüther ausübt, in seinen predigten hervorhob.

⁶) Frau Dickhans trug, als dicke frau, mit recht ihren namen:

wegen ihrer beleibtheit fürchtete sie stets, bei irgend einer anstrengung, vom fluss (schlag) getroffen zu werden. Wo klare
erkenntniss der krankheit mangelt, da stellt sich in der medicin,
wie beim volk, bequem ein name zur bezeichnung ein. So bezeichnet man heut zu tage mit dem namen typhus verschiedene krankheiten die noch nicht bestimmter zu bezeichnen sind.
Die alte medezin, in folge des systems der humoralpathologie,
sprach viel von flüssen, die sich im leibe stocken, und wofür
das volk noch heute den beliebten ausdruck steckfluss (der
sich im leibe stickt oder stockt, nicht der erstickt) gebraucht.

⁷) Man hat gehabt von... ist der volksthümliche ausdruck
um den bibeltext, über den gepredigt wird, anzuzeigen. Da pfarrer
Gambs, in den bibeltexten über die er zu predigen hatte, das
praktische hervorhob, wodurch gerade die religion sich mit der
wissenschaft und der philosophie messen kann und über ihnen
steht, so sprach er zum gewissen der zuhörer, indem er gegenwärtige zustände und gebrechen der zeit behandelte. Der krieg
von 1815, die invasion der alliirten hatten den ackerbau höchst
beeinträchtigt. Der ununterbrochene regen im frühjahr und sommer von 1816 schadete der erndte so, dass eine theuerung in 1817
entstand. Die reichen bäcker und die noch reichern gärtner han-
delten frucht ein, um sie, mit ungeheurem profit, nach längerer
zeit loszuschlagen. Vor dem forum der gewöhnlichen gesetzge-
bung und der volkswirthschaft war dieser profit legitim; das
unbefangene gewissen des volks fand aber, in diesem für legitim geachteten verfahren, grosse immoralität; es begriff nicht
wie es moralisch sein könne, dass einer der geld hat, es dazu
benutzen dürfe um, bei der allgemeinen noth, sich zu bereichern;
es schrie über die grosse wucherei, wodurch der arme mann
in die lage kam dass er sich nicht mehr zu decken (den nöthig-
sten anforderungen des lebensbedarfs zu genügen) wusste, und

in der bedrängniss sich in schulden stecken musste, um so abermals der zinswucherei in die hände zu fallen.

[8]) Ich weiss nicht wie pfarrer Gambs von der grossen wucherei
gesprochen hat, doch ist es immer höchst interessant zu erfahren
wie männer von gewissen über legislative und volksökonomi-
sche fragen urtheilen, denn

> Was kein verstand der verständigen sieht,
> Das ahnet in einfalt ein-kindlich gemüth.

Frau Dickhans, nach dem was sie von der predigt in St. Aurelien
hier hört, glaubt die predigt sei allein auf die reichen bäcker und
die reichen gärtner in den vorstädten gemünzt gewesen, und
hofft dass dieselben sich daran kehren werden.

[9]) Bettelmann ist ein in den ältern Strassburger familien
beliebtes gericht. Diese speise besteht, wenn sie geringer angefertigt wird, aus den brodresten der haushaltung, welche in
milch eingeweicht und breiartig, in einer breiten wenig tiefen
schüssel (platte), leise gebacken werden. Da die brodreste gleichsam wie zusammengebettelt sind, so erhielt das gericht den
namen bettelmann. Statt der brodreste nimmt man, zu reicherm
tische, feine Strassburger milchwecken. Auf dem rand einer
solcher irdenen, mit brauner glasur überzogenen bettelmanns-
oder griesknöpfelplatte waren gewöhnlich, nicht gerade immer
goldne, sprüche in hochdeutscher sprache eingebrannt. Aus
meiner kindheit ist mir noch folgender spruch, auf unserer in
Hessen verfertigten familienplatte, im gedächtniss:

> Hier sind wir im lande Hessen;
> Grosse platten und wenig zu fressen,

was ich, knabenhaft, in den spruch übersetzte:

> Hier sind wir im lande Elsâss,
> Hessische platte und herrlicher frâss

Die Griechen und Römer hatten über hundert, meistens sinnreiche namen, um krüge und amphoren, je nach ihrer gestalt witzig zu bezeichnen. In Strassburg gibt das volk den steingutenen krügen welche, wegen der kleinen handhaben, von der seite betrachtet wie bucklich aussehen, den namen krummer (buckeliger).

Die Strassburger bürger der reichen gärtnerzunft (wenn sie nicht allzugeizig und sich etwas gütlich zu thun gewohnt waren) gönnten sich, vor dem mittagessen, oder wie man sagte, zur elfer mess, einen trunk weins, den sie sich aus dem fass, in einem kleinen faïencekruge holten, welcher, wegen der weisen glasur, der schimmelè (kleine schimmel) hiess.

[10]) Unter dem ersten kaiserreich bereicherten sich die Strassburger im handel und in der industrie. In den ersten jahren der Restauration, bei der gedrückten lage Frankreichs, trat eine bedeutende abnahme in Strassburg in handel und industrie ein. Obgleich die lage im allgemeinen noch leidlich war, so klagte man doch, im hinblick auf die frühere bessere zeit. Der ehmann der frau Dickhans gehörte dem handwerksstand an. Seine frau klagt hier, natürlich mit übertreibung, dass nicht mehr zu leben sei; dass niemand nichts mehr arbeiten lasse.

[11]) Viele fabriken in Strassburg stellten damals die arbeiten ein. Der mann der frau Katherin war fabrikarbeiter, und dieser, unter dem vorwand arbeit zu suchen, besuchte die bierhäuser der stadt und kam, vorgebend um erkundigung nach arbeit einzuziehen, hinaus bis in die Vier Winden. Dies bierhaus befindet sich heute noch wie damals, bis drüss (s. s. 21) in der Waisengasse, früher in der nähe der wälle. Seine frau klagt (chja! für ach ja!) hier, dass die fabriken nicht mehr gehen.

[12]) Frau Dickhans, die nicht an mangel litt, thut hier, wie viele leute die klage führen, darüber dass sie nicht im genuss und überfluss schwelgen können. Allerdings war es verdriesslich

dass die rechnungen (conto) für gelieferte arbeiten nicht gehörig
bezahlt eingingen, aber die lage der eheleute war deswegen
nicht der art dass Dickhans sich aus verdruss hätte erschiessen
wollen.

13) Dass, bei dem hohen preise des fleisches, man sich im fleisch-
essen beschränken musste, war natürlich. Doch hatte dafür,
um sich zu regaliren, frau Dickhans den kaffeetrank, den sie
sich früher, so lang die continentalsperre bestand, nicht so
wohlfeil wie jetzt, gewähren konnte.

14) Dass das Elsass, welches reich ist an allen producten,
und sich selber allein genügen könnte, einen kläglichen vieh-
stand besitzt, zeugt nicht für die öconomische intelligenz der
Elsässer, und derer die sie regieren. Die miserable stallfüt-
terung erzeugt periodische viehseuchen und schwächliches rind-
vieh. Die allmendweiden, die früher in den zahlreichen ortschaften
des Elsasses bestanden, sind eingegangen, ohne dass auch nur equi-
valente vortheile für die gemeinden hieraus erwachsen wären.
Es ist demnach sich nicht zu wundern, wenn Strassburg vom
Elsass wenig, vom ausland das meiste vieh bezieht, und wenn
der arbeiter, so wenig wie der bauer, die ganze woche kein
mumfel (mundvoll) fleisch sich gönnen darf. Wenn aber frau
Kätherin, kaum hat sie etliches geld bekommen, sogleich sich,
aus der kleinmetzig in ihrem quartier, einen schweinebraten (brä-
tel, kleiner braten) für 40 sous kauft, so ist das, in damaliger
zeit, ein luxus, über den ihr mann mit recht sich höchst ungehalten anlässt.

Hobblè (hoppeln), frequentativer diminutif von hüpfen,
heisst hüpfend tanzen. Verhobblè heisst eigentlich vertanzen,
dann leichtsinnig verthun.

Zowlè ist der frequentative diminutif von zupfen, und heisst
oftmals am zopfe zupfen, an den haaren raufen.

15) Das dazukommende bäschen Susanne (das der frau Kä-

therin gegenüber wohnt) bringt die nachricht mit, von dem gewinnst der Bärwel in der lotterie. Sie findet dass dieser gewinnst, den sie für sich gewünscht hätte, meineidig (sündhaft, schrecklich) gross sei. In der that, da drei der eingesetzten zahlen, als terne, herausgekommen sind, so ist der gewinnst allerdings bedeutend.

16) Die frau Dickhans, die, um in die lotterie setzen zu können, ihres mannes sonntagsrock heimlich versetzt, und die zieche (s. s. 28) ihres unterbetts verkaufen will, um das erlöste geld ins lotterie-bureau zu tragen, gibt den beweis ab, wie unmoralisch es ist, durch die lotterie, im volke die leidenschaft für das glücksspiel zu erwecken.

17) Wie wenige menschen werden, wie die bäsel Susanne, durch die verluste, die sie in der lotterie erleiden, gewitzigt? Deswegen verdient die lotterie mit recht das beiwort fatal (verhängnissvoll), was ihr bäsel Susanne hier gibt. Es zeugt für den praktisch moralischen sinn der regierung von Louis-Philippe, dass sie die lotterie, durchs finanzgesetz von 1832, in Frankreich aufgehoben hat.

18) In allen Strassburger fraubasengesprächen kommt es vor, dass die darin sprechenden den redefaden ins unendliche fort zu spinnen geneigt sind. Man kann daraus den schluss ziehen dass die Strassburgerinnen sehr gesprächig sind, und sich unendlich viel wichtiges mitzutheilen haben.

Es schlug halb zwölf auf dem Münster, und die auf dem Paradeplatz sich unterhaltenden frauen waren noch nicht darauf bedacht nach hause zu gehen. Bäsel Susanne wollte dazu den anfang machen. Frau Dickhans bittet sie jedoch noch zu bleiben. Susanne erwiedert dass sie gehen müsse. Den grund hiervon anzugeben ist uns aber der buchdrucker schuldig geblieben. Offenbar ist dieser grund vom autoren hier in zwei versen angegeben worden. Der schriftsetzer aber, der vielleicht im ma-

nuscript ausgestrichenes vorfand, setzte nur die worte jez
muess i furt. Ich habe die beiden ausgelassenen verse durch
folgende, von mir fabrizirte, zu ersetzen gesucht:

> I muëss jetzt furt, sunschd wurd mîn mann
> Am disch noch mit mer brummè;
> I hab'im gsait i will un kann
> Glich nòch der preddi kummè.

Diesen grund aber lässt frau Dickhans nicht gelten, um sie
fort zu lassen; sie hält sie noch zurück; sie will nur noch ein
wort mit Bäsel Susanne sprechen.

19 Nachdem die kriegsbusse an die alliirten, und die anforderungen der privaten von Frankreich bezahlt worden waren,
so beschlossen die monarchen, am 9. october 1818 zu Aachen,
den gänzlichen abzug des occupationsheeres aus Frankreich.
Dieser erfolgte auch noch dieses jahr zur grössten freude aller
Franzosen.

Da das gespräch, als im september 1818 gehalten, gedacht
(s. s. 152) und gegen ende dieses jahres verfasst worden ist,
so kann der abzug der Deutschen aus dem Elsass, mit ross und
wagen, nur erst als ein gerücht von frau Dickhans hier ausgesprochen werden.

20) Wer weiss, wie viel, in zeitläuften des kriegs und der revolution, von den leuten und von den zeitungen in den tag hinein
geschwatzt und gelogen wird, der ist, wie hier Bäsel Susanne,
skeptisch gestimmt hinsichtlich der mannichfach im publicum
verbreiteten nachrichten. Susanna hat urtheilskraft genug um
das gerücht zu bezweifeln, welches in Strassburg rumorte,
dass Bonaparte von der insel Helena entwichen sei.

21) Die intelligenten Strassburger gehörten damals nicht gerade zu der, seit 1815 im Elsass gebildeten, Confédération
royaliste, aber sie hatten, anderseits auch, das Kaiserthum

satt, und die frau Dickhans drückt die allgemeine volksstimmung
aus, wenn sie sagt der Bonaparte möge nur bleiben wo er ist,
mer kenne nè wohl entbehrè. Das napoleonische säbelregiment war in Strassburg verhasst, wie später die bourbonischen
pfaffereien.

²²) Bei politischen bewegungen und umwälzungen, wo immer
materielle und moralische interessen im spiele sind, entstehen
parteiungen in der gesellschaft, und zwist in den familien. Das
disputiren (rässonierè) hin und her nützt nichts, und führt bei-
derseits zu keinem resultat. Dies sagt die verständige Susanne
hier aus, und fügt dagegen noch den besondern grund hinzu,
dass solches parteinehmen und politisches disputiren für bür-
gersfrauen sich nicht wohl schicken.

²³) Frau Käthrin sieht in den politischen nachrichten (zeitungen) und in dem zeitungsklatsch das interesse von unterhaltenden erzählungen (mär), zumal wenn diese so angenehm vor-
getragen werden wie von der Susel, welche auch im singen
geistlicher lieder (protestantischer gesangbuchslieder) ausgezeich-
netes leistete. Deswegen sagt sie, dass, wenn sie eine reiche dame
wäre, sie die Susel zu ihrer gesellschafterin erwählen würde,
damit diese ihr den ganzen tag die stadt- und land-neuig-
keiten erzähle, und abends, wenn ihre arbeit am spinnrocken
(kunkel) ab (à) gethan oder zu ende gebracht wäre, ihr ein
geistliches lied vorsinge.

²⁴) Dass man gefallen und lebhaftes interesse an allerlei
geschichten und vorfällen nehmen könne, findet frau Dickhans
sehr natürlich. Deswegen ist sie gegen sich selbst unwillig
(zum teufel auch!) dass sie sich nicht früher der stadtkundigen
geschichte erinnert habe, die, dieser tage, jedermann schrecklich (meineidi) hat lachen machen. Diese geschichte, deren sich
vielleicht ältere personen in Strassburg noch erinnern, und uns
näher erzählen könnten, bestand wahrscheinlich darin dass ein

schweinehändler zahme weisse schweine schwarz färben liess,
und sie einem Strassburger metzger (bœuf à la mode), als seien
es wilde schweine, verkauft hat. Frau Käthrin findet, dass, um
einerseits einen solchen streich auszuklügeln (raffinîrè), und
sich andererseits so hintergehen (anschmierè) zu lassen, man ein
hell stückl vieh sein müsse. Hell hat, wie das lateinische
purus (klar), putus (reinlich), auch den sinn von deutlich,
unverkennbar, wahrhaft.

[25]) Die geschichte des angeschmirten metzgers erinnert die
Susel an eine andere geschichte, die unter dem titel Hanswurst
Biflamodd (bœuf à la mode), im Bibbelschbiel (Marionetten-
theater) agiret (dargestellt) wurde. Wenn uns noch jemand
diese aristophanische Strassburger representation genauer erzählen könnte,

> j'y trouverais un plaisir extrême.

Diese geschichte, die, wie alle bibbelspiels-vorstellungen, durch
reelles vorkommniss veranlasst worden war, stelle ich mir folgender maassen vor. Ein metzger, und zugleich auch wurstler, hatte
eine hübsche frau, die, nach der neuen mode, ein paar galanen
unterhielt. Da bœuf à la mode auch metaphorisch einen, nach
der neuen mode, behörnten (bœuf) ehemann bezeichnen konnte,
so erhielt der wurstler den namen Biflàmôd (bœuf à la
mode), und obgleich Hanswurst gewöhnlich andere betrügt,
hier aber, höchst komisch, selbst als der betrogene darzustellen
war, so bekam der wurstler Biflamodd zugleich die rolle des
hanswursten, dessen frau, auf kosten ihres eheherrn, ihre galanen, hinter seinem rücken, mit bœuf à la mode neumodisch
tractirte. Jedenfalls war in dieser Strassburger wurstlerge-
schichte wohl eine eben so grosse vis comica (motif zum lachen) als in der aristophanischen rolle des athenischen wurstlers
Agorakritos. Bäsel Susanne beurtheilt diese bibbelspiels-scene

als infâm èvor gebrôcht (höchst verunglimpfend angelegt
und dargestellt), als komisch zum platzen; fügt aber aus
bedauern mitleidig hinzu, wie doch in der bösen welt einer dem
anderen immer sucht einen spuck (trügerische vorspiegelung; bösen streich) zu spielen!

²⁶) Frau Dickhaus, die immer darauf bedacht ist dass der
stoff der unterhaltung nicht ausgehe, ist über sich ungehalten
(Potz bluest., verbildung für gottes blut; s. s. 77) dass sie,
bei der lustigen geschichte, fast die traurigen vorkommnisse der
stadt vergessen hätte. Sie beeilt sich deshalb zu erinnern an die
vielen fallimente, die damals, bei der stockung der geschäfte in
Strassburg, zum ausbruch gekommen, und die jedes mal, wie
heut zu tage noch, durch das in das wochenblättel eingerückte
jugement des tribunal de commerce, den betreffenden gläubigern
angezeigt wurden.

In allen sprachen schleift sich, mit der zeit, die scharfe bedeutung der ausdrücke durch den täglichen gebrauch, so wie das
gepräge der münzen, nach und nach immer mehr ab. So hat
auch in der strassburger mundart der höchst drastische ausdruck
beschissè im sinn von betrügen, das ursprünglich zotenhafte
und unschickliche, im täglichen gebrauch fast ganz verloren.

²⁷) Durch eine natürliche ideenassoziation bringt das wort
b'schissè der Bäsel Susanne eine andere geschichte ins gedächtniss, die sie näher kennt, und wo dieses wort seine anwendung,
nicht allein im figürlichen, sondern auch im reellen sinne, gefunden hat.

So wie, bei grossen regengüssen, das wasser auf der strasse
sich so hoch stellt dass es den leuten in die schuhe geht, so
kommen, sagt Susel, jetzt auch die ärzte (dokter) in die patsche,
dadurch dass sie nicht mehr viel zu kuriren haben, seitdem
der, alles durch seinen magnetismus kurirende, wunderknabe,
der kleine Sebastian in Ottrott, zum vorschein gekommen ist,

und eines erstaunlichen zulaufes aus dem ganzen Elsass geniesst.

²⁸) Die handwerksleute und arbeiter, weil sie in der stadt
wohnen, halten sich für gescheidter und gebildeter als die land-
leute. Darum sagt die Käthrin, die arbeitersfrau, dass so albernheiten wie die kuren des kleinen Sebastian gut sind für die
dummen bauern. Sie bedenkt aber dabei nicht, dass nicht
allein bauern an albernheiten glauben, dass, wie die tägliche
erfahrung lehrt, auch sogenannte gebildete, ja gelehrte leute
manchmal den baarsten unsinn für wahrheit halten.

²⁹) Der charlatanismus, wiewohl er auch anderswo grassirt,
ist doch besonders bei der medezin entstanden, und wird vor-
züglich bei den heilungsversuchen in anwendung gebracht.
Manche suchen ihn durch den spruch zu rechtfertigen: mundus
vult decipi, ergo decipiatur (die welt will betrogen sein, so
werde sie denn betrogen!). Es ist begreiflich, dass der arzt der
frau Dickhans, mit recht, ihr abgerathen hat, sich irgend ein
arzneimittel, von dem wunderknaben in Otrott, wie so viele andere betrogene, zu verschaffen.

Der mensch liebt alles zu verallgemeinern; deswegen werden
die heilmittel zu panaceen, und ein heilverfahren zum allgemeinen
medicinischen system. Durch dieselbe kur musste der Otrotter
wunderknabe die lahmen und die blinden heilen, oder, wie frau
Dickhans, nach einem absichtslosen qui pro quo, sich ausdrückt: er macht die lahmen sehen und die blinden gehen (vgl.
s. 95).

³⁰) Bäsel Susanne sagt bestimmt aus, wodurch die kuren des
wunderknaben bewirkt werden, nämlich durch magnetismus,
welchen er, durch streichen, den zu heilenden mittheilte. In einer
kleinen anonymen flugschrift, in versen, die um jene zeit bei Heitz
in Strassburg, ohne angabe der jahreszahl und des verfassers,
erschien, und welche von einem philanthropen, namens Pflüger,

verfasst war, der dem aberglauben und dem charlatanismus ent-
gegentreten wollte, sind die ersten strophen folgende :

> Je klüger uns're welt soll seyn,
>   Je mehr fällt sie herunter,
> Je mehr sucht man Betrügereyn,
>   Je mehr erzählt man wunder.
> Bald heisst es : ein Prophet ist da,
>   Der sagt das end' der welt ist nah !
> Und bald entdeckt man spuren
>   Von tausend wunderkuren.
>
> Wie, zum exempel, zu Otrott
>   Ist ein seltsamer knabe —
> Es treibt zwar mancher seinen spott
>   Ob seiner wundergabe —
> Der heilt die leut, ich weiss nicht wie,
>   Nicht so wie blosse sympathie.
> Die grössten schäden weichen,
>   Fängt er sie an zu streichen.

Die beiden letzten verse stimmen so genau mit den worten
der Bäsel Susanne überein :

> … dass alli schädè wichè
> … fängt er sie an zu strichè

dass man annehmen muss, entweder dass der verfasser des gesprächs sie aus dem gedicht Pflügers herüber genommen, oder,
was wahrscheinlicher ist, dass Pflüger sie dem gespräch entlehnt
hat.

[31]) Die wahrheit des unfalls, welcher dem kleinen Sebastian
widerfahren, wird bestätigt in einem andern gedicht, welches,
gleichfalls ohne angabe der jahreszahl und des verfassers, unter
dem titel : Das wunderkind oder der kleine Sebastian von
Otrott (Strassburg, gedruckt und zu finden bei Joh. H. Heitz)

erschien, und zum verfasser den pfarrer **J. J.** Jægle hatte, der
sich gleichfalls vorsetzte den aberglauben zu bekämpfen. Hier
spricht der wunderknabe, unter anderen, folgende strophe :

Noch ein dritter lässt mich holen
(Weit und breit bin ich empfohlen),
Nimmt mich auch ins bett zu sich :
Voll war ich am tisch gepfropfet.
Und bleib, leider, nicht verstopfet!
Ach der streich war ärgerlich!
Weiss nun nicht, ob heilungsstärcke
Lag in dem verdauungswercke.

³²) Im ersten druck des gesprächs liest man folgendes :

Frau Dickhansè.

«O je! ist diss magnetisirt?

Frau Käthrin.

«So gehts — so wurd mer angeschmiert;
«Der Herr Gott hett d'è artzt und d'artzenei erschaffè
«Zu dènè mues mer geh'n, un niemals zu so affè.

Da diese verse dem versmaas nach unvollständig sind, und
ganz aus der versart herausfallen, so ist anzunehmen, entweder
dass diese verse nicht vom autor herrühren, und vom setzer ein-
geschoben worden sind, oder dass sie geflissentlich vom autor unrichtig verfasst sind, um die muthmassung über seine autorschaft
von sich abzulenken (s. s. 143). Mir scheinen aber die ausdrücke magnetisirt und angeschmirt der art zu sein, dass sie
wahrscheinlich machen der autor (muthmaaslich prof. Arnold)
habe hier vier verse angebracht, worin er witzig mit dem eigentlichen und metaphorischen sinn der ausdrücke magnetisirt
und angeschmirt, in beziehung auf den obigen unfall, ge-

spielt hat. Deswegen habe ich versucht die mangelnden und fehlerhaften verse des druckes etwa durch folgende zu ersetzen:

> O! je! isch diss magnetisirt!
>   Bedank' mi's vor so kürè!
> So gehd's — so wurd mer angeschmirt,
>   Un müss sich nôchher schüre (scheuern).
> Der liewi Herrgodd het d'n artzt
>   Unn d'artzenei erschaffè,
> Zu dènè mües mer drum âü gehn
>   Unn niemôls zu so affè.

Affe bedeutet hier elende nachäffer der ärzte. Der aus Afrika stammende ungeschwänzte affe galt, im mittelalterlichen Europa, für das bild des drolligen menschen, und im Norden für das symbol des schimpfenden schwätzers. In der elsässischen chronik von Meyer, ums jahr 1467, trägt ein knecht den namen Affe.

Bei dieser gelegenheit will ich noch meines erklärungsversuches erwähnen über den räthselhaften rohraffen im Strassburger Münster. Noch zu anfang des 16. jahrhunderts war, bei gewissen festen, ein mann angestellt, der zur belustigung des volkes, im Münster als schimpfer, oben bei der orgel, auftreten musste. Da der rohrspatz auch der schimpfvogel und schilfschwätzer heisst, so wurde der schimpfer im Münster vielleicht der rohrspatz genannt. Noch heut zu tage sagt man in Strassburg er schimpft wie ein rohrspatz. Da aber der affe auch das symbol des schimpfenden schwätzers war, so nannte man diesen schimpfer den rohraffen. Dass rohraffe mit rohrspatz gleichbedeutend war, beweisst der name des rohraffengässels, welches ehemals bei dem alten Gerbergraben lag, in dessen schilf oder rohr, wie das volk noch vor 80 jahren erzählte, rohraffen, d. h. rohrspatzen hausten. Nur verstand das volk später

unter rohraffen, thörichterweise, eigentliche affen, die im schilf-
röhrigt gewohnt haben sollen.

³³) Vor einer halben stunde wollte frau Dickhans dem bäsel
Susanne nur noch ein wort sagen, und das gespräch hatte sich
nachher dermaassen verlängert, so dass es nun zwölfe auf dem
Münster schlägt, und Susanne sich nicht mehr aufhalten lässt.
Ihr mann, sagt sie, wird jetzt essen wollen, und es ist dazu noch
nichts gerüstet; zum glück seien sie und ihr mann mutterseelen
allein zu tisch, da sie wirklich keine gesellen haben, welche
gewöhnlich mitessen.

Den ausdruck mutterseelen allein erkläre ich folgender
maassen : seele hat, wie noch öfters in statistischen tabellen, die
bedeutung von menschlicher creatur. Mutterseele ist eine
menschliche creatur, die noch in der mutter oder im mutterleib
verschlossen lebt. Mutterseelen allein heisst also allein, wie
die im mutterleib eingeschlossenen, von der welt abgeschlossenen,
ungebornen kinder.

³⁴) Frau Käthrin, welche gern die Süsel, die ihr gegenüber
wohnt, geschichten erzählen hört, ladet sie ein, morgen abend,
ihr spinnrad zu ihr ins haus zu bringen, um mit ihr zu
spinnen und zu plaudern. Heute sonntag nachmittag, wenn ihr
mann im bierhaus Pelikan sitzt, und die karten zum ekartspiel
legt, können sie beide, frau Käthrin und Süsel, zusammen
allein sein, und kaffee trinken. Sie bestellt sie also auf den
nachmittag, und verspricht am fenster ihr ein zeichen zu geben,
wenn es geheuer sein, das heisst wenn ihr mann ausgegangen
sein wird, und sie ungestört kaffee trinken können.

Das wort geheuer (heimlich, sicher) erkläre ich folgender-
maassen. Es gehört zur wortsippe hiw (sich legen, niederlassen,
wohnen). Davon stammen, unter andern, das nordische hion
(die wohnenden, eheleute), das deutsche hei-rathen (ansiede-
lung besorgen), und das altdeutsche geheure, welches ur-

sprünglich das wohnliche, und somit heimliche und sichere-ausdrückt, im gegensatz zum ungeheueren (unheimlichen, ungeheuerlichen).

³⁵) Da auch frau Käthrin sich anschickt das gespräch abzubrechen, und sich zu entfernen, so wird sie von der frau Dickhans aufgehalten, die ihr nur noch ein wort sagen will. Was sie auf dem herzen hat, ist zu wissen ob Sebb'l (diminutif von Sebb, für Joseph), ihr sohn, wohl von hause fort müsse, um, in folge eines recrutement, von dem man spricht, unter ein militärcorps zu marschiren. Die unaufhörlichen aushebungen unter dem kaiserreich hatten der nation das beste blut abgezapft, und den familien für die ewigen kriege die blutabgabe (contribution du sang) erpresst. Dadurch hatte sich der kaiser verhasst gemacht, und besonders in dieser beziehung waren die Strassburger froh ihn endlich los zu sein. Es war also natürlich dass die frau Dickhans, die einen militärdienstpflichtigen sohn hatte, begierig war zu erfahren, ob wirklich das recrutement statt finden sollte.

³⁶) Die regierung der Restauration hatte, bei der reorganisirung der armee, alles zu vermeiden was man an der kaiserlichen conscription hassenswerthes gefunden hatte. Nach dem von marschal Gouvion de St-Cyr vorgelegten und am 10. märz 1818 angenommenen gesetz, trat an die stelle der conscription militaire das recrutement. Die armee rekrutirte sich, durch solche welche freiwillig in den dienst traten, und durch junge im 21. jahre stehende leute, welche cantonsweise unter sich losten. Man konnte sich also zuerst durch glückliches loos freiziehen, und dann, wenn man beim spielen, wie man in Strassburg sagte, verloren hatte, sich für den militärdienst ersetzen lassen, dadurch dass man einen, mit einer gewissen summe geldes erkauften, mann stellte. Im september 1818, wo das gespräch statt fand, sprach man schon von dem künftigen recrutement; das decret das die aushebung verordnete, war aber noch nicht veröffentlicht.

Die frau Käthrin hatte also recht zu sagen, dass man noch nicht vom marschiren (zum corps treten) spreche, dass es aber noch dazu kommen könne.

Da die frau Käthrin die trommlen der wacht, welche auf den Paradeplatz aufzieht, nun in der ferne hört, so schickt sie sich an, unaufhaltsam, nach hause wegzugehen.

[37]) Frau Dickhans, die jetzt fühlt dass sie schicklicherweise die frau Kätherin nicht mehr zurückhalten könne, sagt nun: ja geh sie! sie sagt mirs doch später wenn etwas aus dem recrutement werden sollte; und sie lässt sich dann noch breit darüber aus was sie, in diesem falle, zu thun gedenke. Sie will ihren sohn keineswegs soldat werden lassen; er soll beim handwerk bleiben, und nach Deutschland zu einem meister als geselle geschickt werden. Auch der vater wolle nicht, dass sein sohn als militär diene oder, wie er sich ausdrückt, einen fedderwisch (federbusch) und einen kühfuess (flinte) trage.

Civilisten und soldaten gebrauchen gewisse, mehr oder wenig witzige, meist komische namen, um militair-effecten und waffen zu bezeichnen. So bestehen in Strassburg, um die flinte zu bezeichnen, unter andern, die populären ausdrücke schiessbreij'l (schiessprügel, ein schiessgewehr womit man auch, wie mit prügeln, dreinschlägt), und küehfüss (weil der hölzerne schaft und der plumpe kolben der zur erde gestellten flinte, von der seite gesehen, dem krummen, disgraciösen kuhfuss einiger maassen gleicht). Um den fedderbusch (federbusch) der grenadiere zu bezeichnen, so verglich man ihn mit einem fedderwisch (flederwisch), womit man die gegenstände abstäubt.

[38]) Da das militairgesetz stellvertreter (remplaçants) gestattete, so will frau Dickhans ihrem sohne, wenn er verspiele, auf ihre kosten, einen mann stellen, und um dazu geld zu bekommen, ihrem schwager fünfzehn acker reben verkaufen.

[39]) Statt Gott zu danken dass sie durch ihre vermögensum-

stände im stande ist, ihren sohn vom militär frei zu machen,
und beim handwerk zu erhalten, ohne sich in schulden stecken
zu müssen, klagt frau Dickhans, nach art aller menschen, über
die fatalen (verhängnissvollen, unglücklichen) zeiten, wo man
sich, aus verdruss und ärgerniss, weit weg wünscht, bis nach
Grenobel. Die populäre redensart bis hinter Grenobel, um
zu sagen weit, weit weg!, dort hin wo der pfeffer wächst,
scheint in der Schweiz entstanden zu sein, um die äusserste
gränze des Welschlandes (Frankreich und Italien) anzuzeigen.
Schon im Mittelalter war indessen Grenobel dem volke bekannt durch die sagen von grasvaldan (gresivaudan), und die
in allen ländern verbreiteten karthausen (karthäuserkloster);
aber besonders im jahr 1818 sprachen die zeitungen längere zeit
von Grenobel, wo, im mai, ein bauernaufruhr ausgebrochen
war.

Um endlich (ende gut, alles gut) das gespräch, gehörig praktisch, zu beschliessen, ermahnt frau Käthrin die frau Dickhans
zur geduld, weil in der welt das gewünschte sich nicht erzwin-
gen lasse, und man durch geduld, vernunft, und zeit endlich doch
zu seinem ziele komme. Sie schliesst also mit der lehre, welche,
in jenen schwierigen zeiten den strassburgern zu ertheilen, gerade der zweck des autors war, den er sich bei der abfassung
dieses gesprächs vorgesetzt hatte (s. s. 142).

www.ingramcontent.com/pod-product-compliance
Lightning Source LLC
Chambersburg PA
CBHW020540270326
41927CB00006B/659